役者人生、泣き笑い

西田敏行
Toshiyuki Nishida

河出書房新社

はじめに

一〇代の終わりに芸能の世界に入ってから五〇年あまり、演劇、テレビ、映画にと、ほとんど休みなしに仕事をしてきて、気がつけば古希《こき》。数えの七〇歳のことで満年齢だと六九歳です。過去を振り返ることもなくフル回転してきたので、そうか、もうそんなに長い間生きてしまったんだ……と我ながらちょっと呆《あき》れ、同時に驚いてもいます。

古希とは古来希《まれ》なほど長生きしたということで、慶賀すべきことなんですね。でも長寿社会の今では平均寿命にも達していない。

古希まで生きて当たり前。

僕の子供のころは、満六〇歳の還暦《かんれき》でも、長く生きてめでたいということで、赤いちゃんちゃんこを着せられ仙人みたいな顔をして、みんなにお祝いされた。そんなお年寄りを何人も見ています。

今は六〇歳でも若々しい。

女性のなかには四〇代かと見まがう人もいます。

若々しいのはいいのですが、逆に考えると、枯《か》れるのがむずかしい時代なんですね。

少子高齢化が世界で一番早く進んでいるのが、我が日本であり、さまざまな問題がでてきています。

それにしても、自分がもう古希?

エエッ! そんな〝おじいちゃん〟になっちゃったのかア。

我がことながら信じられない気分です。

でも、信じなきゃいけない。

ただ、心の奥底にはまだ〝子供〟や〝少年〟の部分が残っているって気がするんですよ。大人になるっていうのは、子供の部分を捨てていくことだという人がいますけど、役者っていうのは捨てちゃだめなんですね、子供や少年の部分を。

子供のころに味わった驚き、喜び、悲しみ……そういうものが全身をつかって表現する役者・俳優にとって大事な養分であると、あらためて思いますね。

昔の人はいいことをいいました。

「光陰《こういん》矢のごとし」

「少年老いやすく学成り難《がた》し」

そのとおりですね。

でも、それで達観したり諦《あきら》めたらだめだと思うんです。

〝老い〟や〝矢のように過ぎる時間〟にあえてさからって、あがき、もがき、苦しみ、格闘する……。

そういう中から自分を発見し、何か価値あるものをつかみとる。

年齢など関係ありません。

役者に限らず、大事なことだと思います。

幸か不幸か、役者には定年がないので、生きている限り役者稼業《かぎょう》を続けていくつもりです。

続けてはいくものの、ここらでちょっと立ち止まって、来し方行く末に思いをはせるのも悪くない。

そう思って、「西田敏行」の来歴というか、「西田敏行」という役者がどのようにして作られ、どのような役を演じてきたか等々、思い出すままにお話しします。

目次

役者人生、泣き笑い

第一章　映画が「僕の学校」だった

生まれたのは原発事故で世界に名を知られる羽目になった福島県は郡山《こおりやま》です。昭和二二年（一九四七年）の一一月四日生まれ。いわゆる「団塊《だんかい》の世代」です。敗戦間もないときで、まだ戦後復興もままならず、戦争の傷跡《きずあと》をひきずっていた人が、いたるところにいた時代です。

じつは僕には実の父母と養父母の二組の「両親」がいるんですよ。

実父は僕が五歳のとき亡くなったので、ほとんど覚えていません。

実母はその後、再婚しました。それで、僕は母の姉夫婦のところに養子として引き取られたワケです。二歳のとき宇都宮《うつのみや》に住んでいたということですが、まったく記憶にありません。

母方の祖父は福島の三春《みはる》町の生まれです。梅と桃と桜が同時に咲くから春が三つきたようで「三春町」という地名になったんです。田舎《いなか》です。でも、粋《いき》ですよね。

先祖は三春の城主だったと聞いたことがありますが、系図があるわけではないです。

祖父は田舎ののんびりした空気にあきたらなかったんでしょう、一念発起して造船の仕事を志《こころざ》すんです。僕が俳優を志したのと同じ気分であったのかもしれません。

どんな経緯をへて造船業についたのかわかりませんが、祖父は軍港のある広島の呉《くれ》や博多《はかた》など各地を移動したらしく、娘である〝養母〟は大正八年博多で生まれ、養母の妹である〝実母〟は大正一二年東京の笹塚《ささづか》で生まれました。

二人が娘盛りのとき、日本はアメリカとの戦争に突っ込んでいくんですね。当初、日本軍は真珠湾の奇襲で大勝利をおさめたのですが、戦争が長引くにつれて敗色を濃くし、南方戦線で大敗北を喫したあと、日本の本土は米軍機の大規模な空襲に見舞われます。

都会にいては危ないと、母方の親族はみんな郡山に疎開《そかい》したんです。実母も養母も一緒です。祖父が福島三春町の出身ですから、二人の娘にとってまったくの異境でもない。

養母は郡山で軍人であった養父と結婚します。一方実母は貯金局に勤めます。昔は郵便局以外に「貯金局」というのがあったんですね。その後、郵便局に統合されましたが。

やがて、実母は貯金局の局長に見初められて結婚、そして僕が生まれたのです。

結婚したとき実母は二四歳、初婚です。実父は五四歳で三度目の結婚。

異母兄弟が五人――と思っていたのですが、ところがドッコイです。

一九八〇年代の半ば、山形に旅公演でいったおり長兄に会ったんです。

兄弟といっても六〇過ぎですよ。僕はまだ三〇代。

長兄とは手紙のやりとりをして、芝居の山形公演のとき会いにくるということになり、僕は芝居のあと楽屋の前の廊下に出たんです。杖《つえ》をついてる恰幅《かっぷく》のいい老人がいる。まさか、その人が兄貴とは思わず、どこにいるのかきょろきょろしていたら、突然、

「敏行か」って杖の老人。

アッと思ったら、

「兄だ」といわれました。

突然のことに、「お兄さん」といえなくて、「おじさん」っていいたいと思ったんですけど、口をついたのは、

「どうもはじめまして」でした。

「はじめてじゃないだろう」といわれました。

その晩は長兄の家でスキヤキをご馳走になり、いろいろと父のことを聞きました。

大阪に姉貴がいるとか、兄弟はいろいろ全国にちらばっているとか。正確な数はわからないとのこと。長兄に、

「親父は三度結婚したんだって？」と聞いたところ、

「バカ、四度だ」といわれました。

親父のことはあまり覚えてないんですが、どんな人生だったのかなア。けっこう波瀾万丈《はらんばんじょう》だったんだろうな等々、しみじみ思いながら酒を飲みました。

＊

話をもどしますと——僕が郡山で生まれてまもなく、実母は僕をつれて東京へ帰ったんです。笹塚の家は空襲で焼けてしまったけれど、大田《おおた》区の蒲田《かまた》に祖父が家を建てていたので、実母は敷地《しきち》の片隅《かたすみ》の空いている土地で小さな美容院を開いたんです。美容師の免許を持っていたんで

すね。

やがて、実母はそこへ電気工事でやってきた男性と恋に落ちて、再婚するんです。

一方、僕は実母の姉夫婦のところに養子にいくことになりました。

姉夫婦には娘一人がいたんですけど、病気でなくなってしまった。それで僕を養子にということになったのだと思います。

僕が確か五歳のとき、駅で実母が泣きながら僕と別れた光景は、なんとなく記憶にのこってるんです。でも、なんで泣いてるんだろう、すぐ迎えにくるっていってたのに、と感じてもいました。

郡山にいってからも養母は僕に対して「お母さんは」「お母さんが」って自分が実の母だってことを一所懸命にいうし、態度でも示す。でも、僕のなかではどっか違うなと思っている部分があって、妙に反抗したりしていた時期もありました。

ま、いわゆる〝反抗期〟であったかもしれませんけどね。

養父は軍人として戦争にいって、敗戦後の昭和二三年、復員してきたんですね。その前の年に僕は生まれているんです。赤ちゃんがどうして生まれるのか、子供なのでよくわかっていないんですが、ただ子供ながらちょっとヘンだなとは感じていました。

養母が実母のことをちゃんと話してくれたのは、僕が中学二年になったときです。〝一人っ子〟でもあり、すごく大事に可愛がって育ててくれたので、僕の中の意識では「実子」そのもの。いやそういう意識すらなく、空気を空気と意識しないのと同じで、西田家の〝長男〟として育ってきたんです。

ですから、「養子」という現実をつきつけられたときは、やっぱり衝撃《しょうげき》でしたね。それまで妙に反抗していたので、養父母にものすごく申し訳ないという気持ちになりました。

養母は実母の実の姉ですから〝伯母《おば》〟にあたります。ずっと我が子として、いやそれ以上に可愛がって育ててくれましたけど、一方で、僕は「この人はほんとうの親ではない」とどこかで思いながら、でもほんとうの親だと思おうとする。

そんな微妙な気持ちをもちながら育つ子供って、ある種の演技性を必要とするんですね。たとえば、何かで怒られても、肉親だったらバンバン反抗してスッキリ終わるんですけど、それができない。屈折感があって子供心にも演技をするしかないと。

そういう親子関係も、役者の素質って観点からみるとラッキーなことではあったと思っています。でも、両親の気持ちを思うと可哀想にもなります。ほんとうに実の子以上に可愛がってくれたんですから。

こんなことがありました。

小学校の入学式のとき、僕は風邪気味で青っぱなをたらしていた。チリ紙で鼻をかんでも、かみきれず、いつまでもジクジクしてる。すると、養母が口をもってきて、いきなり鼻汁をズルズルとすってくれたんです。僕は鼻が貫通してすっきりしましたけど。

自分で子供をもってみるとね、生みの親でもない人がそこまでするっていうのはすごいことだなア、とあらためて思いましたね。

僕の子供時代は昭和二〇年代の戦後復興期にあたります。郡山も米軍の空襲をうけ、工場などは焼けてしまい、町はまだ復興半ば。今思えば、かなり田舎でしたよ。馬車が町中《まちなか》を走っていたくらいですから。

ちょっと行くと田舎、農村になる。都会と田舎がごっちゃになってるような町です。

僕の家のあった小原田《こはらだ》地区は、郡山市の中心よりすこし外れた地域でした。町の子たちは、あの踏切の向こう側は雨が降ってないのに、長靴で歩いてるんだぞ、なんていう。道が舗装されていないし、雨が降るとどろんこになるんです。だから、

「おまえら、晴れのときでも長靴はいてんだべ」などとからかわれたりしました。

小さいころ僕はちょっと腺病質な子で、すぐ風邪を引いたり、熱を出したりしてました。ただ、なぜか熱には強くて、四〇度近い熱を出したのに、ラーメンを二杯食ったんです。

「あなたはエライ！」と養母が泣きながら褒《ほ》めてくれたこと、よく覚えています。

もともと生命力が強かったのか、その後は丈夫になりましたけどね。

丈夫になってからは、友人たちと原っぱや川や田畑で、さんざん駆けまわったりして遊びました。いろんな冒険もやりましたけど、肥《こえ》だめに落ちたことは忘れようたって忘れられないですね。

小学四年生のときだったかな、チャンバラごっこをしていたときのことです。あとで触れるように、東映の時代劇映画をいっぱい見てたんで、チャンバラごっこでも、いつも僕が主役です。ストーリーを自分で作ってたんです。その日は、田圃《たんぼ》の藁《わら》ぼっちの上でチャンバラやってて、僕が「ヤアー」って気合いをいれてカッコよく刀をふりかざして飛び降りた。あれッと思

ったら、見事肥だめの中にポチャン。悪童仲間は笑いこけたりして大喜び。僕はしょげましたよ。体が沈むほど深くはなかったけど、あまりのことに茫然自失《ぼうぜんじしつ》。ようやく這い上がると、みんなくせえくせえといって逃げちゃう。

落ち込みましたね。あいつのそばにいくとクセエ、クセエと、ひと月くらいは友だちがよりつかなかった。それで、僕は引きこもりになってしまいました。

それまで僕は仲間うちでは「カッコウいいヒーロー」だったんです。だから遊びでも「主役」をやってたのに、それが一気にドンデン返しみたいにドジな役回りを演じて、誰もよりつかない。まるで映画みたいじゃないか……。

今思い返すと、肥だめにおちて、それが僕の芸の「こやし」になったのかなと。洒落《しゃれ》にもなりませんが。

＊

夏になると阿武隈《あぶくま》川で泳いだりもしました。水はきれいなんですが、僕たち子供が泳いでいると、上流でベコがションベンをするんです。ベコとは牛のことで、ションベンがビールの泡のようになって流れてくる。僕らは急いで岸にあがり、ビールの泡みたいのが流れていくのを見ている。通り過ぎたら、また川に飛び込む。楽しい思い出です。

あのころの楽しみといえば、なんといっても映画でしたね。テレビなんかまだありませんから。映画は娯楽の王様で、戦後復興期の市民たちの心の支えみたいなところがあったと思います。郡山には映画館は封切館から二番館、三番館、四番館くらいまでありましたよ。

養父は復員後、郡山市役所の公務員になっていたんですが、大変な映画好きで、週末になるとよく僕を自転車の荷台に乗せて映画館に連れてってくれるんです。養父と一緒に見るのはだいたい邦画で、伴淳三郎《ばんじゅんざぶろう》とか柳家金語楼《やなぎやきんごろう》とかが出ているコメディです。『二等兵物語』など今でも記憶に残っています。

東映オールスター総出演のお正月映画『任俠中仙道《にんきょうなかせんどう》』なんてのも見ています。片岡千恵蔵《かたおかちえぞう》さんの清水《しみず》の次郎長《じろちょう》と、市川右太衛門《いちかわうたえもん》さんの国定忠治《くにさだちゅうじ》の二人が妙に仲がいい。今考えるとおかしい脚本なんですけど、とにかく主人公は強いしカッコいい。登場の仕方も颯爽《さっそう》としていて、お客は大人も子供も拍手、拍手です。

養母は洋画が好きで、いいものが来ると僕を連れてよく見にいきました。養父と違って養母はかなり選別して見てましたね。

こういう親のもと、僕は当時の子供には珍しく、邦画も洋画も均等に数多く見る機会を与えられたんです。

当時、映画は二本立て、三本立てが当たり前。六本立てなんていうのもありましたよ。見るのに半日かかるので、家でつくったおにぎりや弁当を持参して映画館で食べた記憶があります。

時代劇あり、恋愛ものあり、アクションものありで、多彩といえば多彩でした。

映画館は映画フィルムを買っては流し、買っては流しで、たいてい一週間で次の作品に替わるんです。「次週に続く」みたいな映画もけっこうあって、今のテレビの連続ものと同じですね。それだけ映画が大量に作られていたんです。

日活映画の中にはキャバレーのシーンで女性のヌードダンサーの踊るところなどもあって、

子供にはちょっとまずいんじゃないの……みたいな映画も混ざっていました。僕はワクワクして見てましたけど。

手当たり次第に見た映画の影響でしょうね、小学五年生のときには、「将来、映画俳優になりたいな」と漠《ばく》たる思いをすでに持っていました。それだけ映画の世界に魅せられていたんです。

後年、俳優になって、TBSで映写技師を主人公にした『港町純情シネマ』という連続ドラマに主演しましたが、まさにあの映画館の世界です。脚本作りのとき、脚本家の市川森一《いちかわしんいち》さんや演出家の高橋一郎《たかはしいちろう》さんたちと、いろいろアイディアを出し合ってね。僕も子供のころの映画館の話をずいぶんしましたよ。

当時、どういう俳優になりたかったかといえば、悪者をバッサバッサと斬《き》るヒーロー役です。東映の時代劇のヒーローが頭にありました。ほとんどが勧善懲悪《かんぜんちょうあく》の時代劇で、子供ですから悪を退治するヒーローに憧《あこが》れてたんですね。

若き日の萬屋錦之介《よろずやきんのすけ》（当時は中村錦之助）さんとか、市川右太衛門さん、片岡千恵蔵さん、嵐寛寿郎《あらしかんじゅうろう》さんなど、とにかくカッコいい。

今と違って映画館には熱気がありました。時代劇でお姫さまが悪役に犯されそうになると、客席からミカンが飛んでくる。それがスクリーンに当たってゆらゆら揺れて、俳優さんの顔が歪《ゆが》んだこともあります。今では考えられませんけどね。

鞍馬天狗《くらまてんぐ》の映画なんか、角兵衛獅子《かくべえじし》の杉作《すぎさく》が絶体絶命のピンチにおちいると、白い馬にまたがった鞍馬天狗がどこからともなく現れる。すると客席から大きな拍手がわく。拍手に応援されるみたいに鞍馬天狗は悪者をバッタバッタと斬る。

それで胸がスカッとするんです。じっさい、画面を見ているうちに自分が映画の中に入っちゃって、しばらく主人公になりきってましたからね。

見たばかりの映画の台詞《せりふ》を覚えていて、学校などで友人たちにやってみせると、「おもしれえなァ、おもしれえなァ」って、みんな喜んでくれました。でも、じっさい、友だちがその映画を見に行ったら、「おめえの話の方がよっぽど面白かった」といわれることも多かったですね。

見た映画の再現というより、自分が受けた感動を懸命に伝えていたのかもしれません。これも、はからずも僕の「俳優修業」になっていたんでしょうね。ちょっと大げさにいえば、「映画が僕の学校だった」のかもしれません。

*

ラジオも楽しみのひとつでした。NHKの連続ラジオドラマ「新諸国物語」シリーズの『紅孔雀《べにくじやく》』や『オテナの塔』などをよく聞いていました。確か一回が一五分で月曜から金曜にかけて夕方近くに放送されるんです。

ラジオドラマは絵がないので、想像力が働きます。近所の友だちを集めて、風呂敷《ふろしき》なんかで扮装《ふんそう》し、紅孔雀を演じたりもしました。チャンバラとか激しい動きとか、演出も自分でやってました。だから、学芸会の芝居では、いつも無投票で僕が主役です。自分でいうのもなんですけど、クラスメートたちにも「だって、西田はうまいんだもん！」なんていわれていましたね。ただ、ずっと主役をはってたワケではなく、早くも挫折《ざせつ》を経験するんです。一年生のときは『おやゆび姫』でした。僕にまわってきた役は「トンボ」です。二年生のときは『浦島太郎』で、これは僕が文句なしに主役。そのころは、目ぱっちりで可愛かったし、三年、四年と学芸会では僕が主役の座を守り続けました。

主役をはることの快感を子供心に体で味わったんですね。でも、主役をやりたいのは僕だけじゃない。女の子なんか可愛い子や勉強のできる子がたいてい主役になるんですが、自分こそはと密《ひそ》かに自負してる子は競争心があります。

五年のときは『花咲か爺さん』でした。これは担任のY先生が自分で戯曲《ぎきょく》を書いたもので、お姫様がでてくる。女子で目立った子がいて、頭もいい。それでお姫様役は彼女で決まり。最後にお殿様のかわりにお姫様がでてきて「あっぱれ、あっぱれ」とやるんです。

このお姫様の相手役は、当然このオレと思って胸がときめきましたよ。ところが、ここに思いがけず転校生が出現するんです。G君といって、これが都会的で可愛いって評判でね。「今度の学芸会、G君が主役みたい」なんて噂《うわさ》が流れて。二年から三年間主役の座をまもってきた僕は、もう気が気じゃない。

やがて、キャスティングが発表されました。なんと、その転校生が花咲か爺さんの主役。一方、僕は期待を裏切られて、村人A。台詞といったら、「おう、花が咲いた、花が咲いた」。

ええ、たったこれだけ!?　主役が当然だって思っていただけに、屈辱感《くつじょくかん》で体がふるえましたよ。

遠足のときも、僕には女の子からの差し入れなんかけっこうあったんです。ところがG君が転校してきてから、女の子たちの関心がみんなそっちに行っちゃう。

落ち込みましたよ。今思い返せば、子供のころのそんな「挫折」も、その後の役者人生にプラスになったんじゃないかと思いますけどね。世のなかそんなに甘くないってこと、肌で学んだわけですから。

でも生来楽天的なところがあるもんで、映画俳優になりたいという気持ちは持続していましたね。映画はひき続き養父母に連れられて見にいってました。映画の中身を仲間に話すと、みんな喜ぶんで自信を回復するのも早かったんです。

今は俳優やタレントを目指す子も珍しくないですが、当時は映画俳優になりたいなんて子はまわりに一人もいなくて、僕だけでした。友人たちは現実的というか、ちゃんと現実を背中にしょって生きているようなところがあって、「おめ、将来、どうすんだ？」と聞くと、「俺はうちの家業を継ぐしかねえかな」「うちは農家だから、畑たがやす」とかいう。

将来、映画俳優になろうなんて、まるでリアリティーがなかったですよ。養父は復員後、郡山市役所につとめていたし、親戚の多くは公務員とか学校の先生とか堅い仕事についてる人が多い。芸能関係者など一人もいない。そんな中、映画俳優になろうなんて……やっぱり、映画の影響でしょうかね。

映画やラジオドラマから自然に学んでいたからか、小学校の高学年くらいから自習の時間になったりすると、一人で前にでて一時間くらい座をもたせることはできました。歌を歌ったり、先生の物真似をして笑わせたり。

エンターテイナーという言葉など知らなかったけど、無意識のうちにもその練習を積んでいたんですね。級友から、「お前、俳優になったらいいんだよ」なんていわれ、ますますその気になって、そうか、映画のヒーローはカッコいいし、なれるかもしれない、と「夢見る少年」は思うようになるんです。

そのためには、早く東京にいって石原裕次郎《いしはらゆうじろう》さんなんかのそばに行かなきゃって焦《あせ》ってました。日活の青春スターとしてすごい人気の出てきた「タフガイ」の石原裕次郎さんに、簡単に会えると思ってたんですね。

世の中のことを、まるで知らないってことは強みでもあるんです。夢と期待はどんどんふくらんでいく。でも、両親に俳優になるから東京にいきたいとはなかなかいいだせなくて、胸に秘めたままでした。子供ですから胸に秘めたことは表にでるんですね。小学校四年のときに、映画を見たことがきっかけで、じつは家出をしたんです。

当時、僕の自宅はお寺の境内にあって、近くを東北本線が走ってました。これに乗ったら東京に行ける……。そう思うと、もういてもたってもいられなくて。

きっかけがあります。映画館で小津安二郎《おづやすじろう》監督の映画を見たんです。養父につれていってもらったんだと思います。タイトルや筋は忘れましたが、山の手の丘の上に家があって笠智衆《りゅうちしゅう》さんがデッキチェアにすわっているシーン。そこへ白いワンピースを着た娘さんが「お父さん」といって坂を上ってくる。その情景がとっても印象的で、あんなとこへ行ってみたいと強く思ったんです。すると心がせいて、小遣いをためたお金で切符を買って、郡山駅から東北本線の電車に乗りました。

そのまま終点の上野駅《うえの》まで行きました。もちろん両親には内緒です。上野駅についたときは、とうとう東京さ来たかと胸がキュンとするほどの感激。でもそのあとどうしてよいかわからず、ウロウロしているうち、鉄道公安官に保護されました。

養母が夜行に乗って迎えに来てくれました。あまりしかられた記憶はありません。

映画を見ると、主人公の世界にすっぽり入って、のめりこんじゃう。まさに『港町純情シネマ』の主人公そのものです。ドラマの主人公の内面の世界を、小学校四年のころから、演じたというより、実行に移したんでしょうかね。

これは僕が役者になってから養父が話してくれたことですが――じつは養父は若いころ、映画俳優を目指したことがあったんです。マキノ雅弘《まさひろ》監督の映画のオーディションに受かって出演することになっていたのですが、軍隊にとられてしまった。「あれで役者になりそこなった」と養父は残念そうに話してました。映画好きで毎週のように映画を見にいっていたのも、それでうなずけます。

＊

映画やラジオドラマの世界に浸って、一人で空想や妄想にふけることも大好きでしたが、友だちともよく遊びましたよ。人を楽しませることにエネルギーを注ぐ、輪の中心にいるような子供でもあったんです。

当時はお祭りと盆踊りが最大のイベントでした。

特にお祭りです。お祭りが開催されると、気持ちが浮き立ち、いろんな神社に行きました。友だちとあちこち遠征していたんです。神社の境内なんかに並ぶ露天《ろてん》、屋台、あのちょっと怪《あや》しげな、アセチレンガスの色合いや匂い。袖口から入れ墨がちらりと覗《のぞ》くような人がいて、なんとも言えず妖《あや》しいというか、あやかしの魅力がありました。

そういう妖しい世界観を少年時代の魂に据《す》えられたことで、空想や妄想が豊かに芽生えて、いろんなものが身についた気がします。

ま、そういうことが僕の原風景といいますかね。ほら、あのころ、闇は闇だったでしょう。街灯なんかなくて、ちゃんと真っ暗な闇がありました。その闇の中に、屋台のアセチレンガスのホワンとした明かりが灯って、その明かりで影がゆらゆら揺らぐ。

と、そこはもう非日常の妖しい世界です。闇は想像力を強く刺激するんです。

影が妖しく揺れる中で、ちょっと好きな女の子がグループで喋っているのが見えたりすると、もう胸がキュンキュン、キュンキュンしてしまう。彼女たちにこっちのことを気づいてもらいたくて、わざと目立つようなことをしたもんです。

屋台も楽しみでしたけど、お祭りで思い出すのは、牛娘《うしむすめ》とか山鳥娘とかの見世物ですね。牛娘って、足が牛の蹄《ひづめ》みたいになってるという触れ込みなんですけど、じっさいはただ蹄みたいな靴を履いてるだけなんです。蠟燭《ろうそく》の明かりで見せられるから、客にはなんだかよくわからない。〝妖しい〟というより〝怪しい〟の方です。

呼び込みの口上《こうじょう》のリズムも独特で面白かったなァ。興行師がだみ声で、「いまね、いまね、ちょうど牛娘がお仕度を終えて出るところでございますが、はい、ちょっとお見せしましょうね」と口上を述べて、パッと開けたと思ったら、五秒くらいで閉めちゃう。牛娘らしき人の背中がほんの少しだけ見えるんですよ。

そのチラリズムが、誘《さそ》いなんですね。もっと見たいなァと客に思わせる。お祭りは今も各地で開催されますが、あの時代の妖しい空気感はほとんど残っていませんね。子供のころに体験したなんとも言えないあやかしの世界が、映画やラジオとは別の意味で、その後の僕の俳優人生に有形無形の影響を与えたと思っています。

僕も年をとったせいか、今の若い人に、こういう空気感があったんだよ、みたいなことを伝えなくちゃいけない。ある種のちょっとした使命感を感じていますね。とにかく、知ってる人間がやらなくちゃ、次の世代に伝わっていかないですからね。

小学校時代の思い出といえば、こんなこともありました。「初恋」というには、あまりに淡いものですが――。

五年生の秋に東京から転校生がきたんですよ。僕は五年三組で、彼女は四組。長い髪にヘアバンドをして黒のトックリセーターが似合う、まさに都会の少女でした。クラスが違うので口をきく機会もなかったんですが、言葉もきれいだし、田舎の子供にはほんとに強烈な印象でしたね。

僕のなかで空想癖、妄想癖がどんどんふくらんでいくんですね。でも、言葉をかわすチャンスはない。強く意識するあまり声をかけられないんです。とうとう、チャンスがやってきました。体操の実習で阿武隈川にいったとき、四組の〝番を張ってる〟連中が、彼女をいじめはじめたんです。僕は飛び出していって、彼女を助けようと連中につっかかっていきましたよ。相手は複数だし、僕は負けちゃった。でも、彼女を助けようとした僕を見て、彼女は笑顔を見せてくれたんです。それだけで、すごく嬉《うれ》しかったなア。でも、依然として彼女と口をきけないまま六年生になって、僕は放送部の部長になったんですね。校内放送で学校からの連絡などを伝える役目です。

あるとき、校内放送の準備をしていると、部室に彼女が入ってきたんです。「私、今度東京に転校します」って。初めて口をきいたのが、悲しいことに「別れの言葉」でした。

それでも、住所と写真を交換して中学三年まで文通しましたよ。彼女の手紙が東京の匂いというか香を運んでくるようで、ますます東京への思い、憧れが強くなりました。

その後、僕は東京の明大附属中野高校に入るんですが、彼女の存在も影響してたのかなア。東京の高校に入ったとき、僕から彼女に連絡して会いました。

そのときも「別れ」の言葉を聞くことになるんです。お母さんがアメリカ人と結婚してアメリカに行くことになったんだとか。ワクワク感が悲しい気持ちに変わっちゃいました。

その日は雨が降ってました。彼女に誘われたのかどうか記憶が曖昧《あいまい》ですけど、そのまま立川《たちかわ》にある彼女の自宅にまで行き二人っきりになったんです。彼女は僕に鶴の折り方を教えてくれました。手が触れあったりして、すごく胸がときめいたけど、キスひとつできず、そのままで終わりました。アメリカの映画みたいに、彼女はもっと期待して僕を誘ったのかなア、とあとで思いましたけど。

僕の青春の一ページを飾る「淡い恋」の出来事といっておきましょう。

＊

映画ばかりじゃなく、音楽も大好きでしたよ。あのころはもう三橋美智也《みはしみちや》、春日八郎《かすがはちろう》が全盛で、ラジオのヒットチャートは、ほとんどその二人が独占してるみたいな時代でした。洋楽なんかもチャラチャラ聞いてました。中学生になってからだったか、プラターズに惹《ひ》かれましたね。お小遣いためて初めて買ったドーナツ盤はプラターズでした。

一方で、子供ながら人を笑わせようと密かにたくらんでいる部分もあったかな。体育の授業で跳び箱をやったときです。一段ずつ跳び箱の高さをあげていって、最後の三人に残ったんです。これ以上は飛べないと思って、サービス精神を発揮して剽軽《ひょうきん》に転げて落ちてみた。おおかたはウケたのですが、一人が近寄ってきてこういったのです。

「西田、今のわざとだべ」

僕は驚き、狼狽《ろうばい》しましたね。あのとき、笑いをとることのむずかしさと、こちらの意図を見破られないことのむずかしさを、同時に学んだ気がしましたね。

第二章　東京さ行って映画俳優になるぞう

こんなことといっても信じてもらえないかもしれないですけど、中学時代、かなりスマートだったんですよ。背も同級生の中では高いほうだったし、目ぱっちりで、一口でいうと美少年。学業成績もクラスで三番くらいをキープしてました。

スポーツは小学生時代、ダメでしたね。走るとすぐころぶし、運動会ではいつもビリっけつ。ところが、中学生になるとめきめき筋肉がついて見違えるようになりましたよ。県大会の陸上競技で一〇〇メートルと二〇〇メートル走にでて、一〇〇メートルでは一一秒七の記録を残してます。中学生としては、かなり良い記録です。

そんなこともあって、ま、自分でいうのもアレですけど、学校ではいつも中心にいましたね。当然、女の子には大モテです。僕の家は神社の境内にあったのですが、放課後になるとよく女学生が四、五人、家の前あたりをウロウロしてる。僕目当てだったんでしょうね。こっちは自意識過剰で自信家でしたから、女学生がやってきたからってホイホイと出て行くようなことはしない。かわりに養母が出て行ってね。すると女の子たちは、

「西田君のお母さんと親しくなった」といって喜んで帰っていくんです。

小学生のとき映画俳優に憧《あこが》れるくらいだから「模範生」ではなく、悪さもしましたよ。中学一年のときだったかな、ちょっと恋を覚える年ごろですね。クラスにものすごく大きな梨農園の娘さんがいて、これが可愛いし、きれいなんです。ノーブルというか、鄙《ひな》には希《まれ》な、掃《は》き溜《だ》めに鶴のような女の子でね。自宅の二階の窓からレースのカーテン越しに、ピアノの音が聞こえる。

ピアノの音が聞こえる家なんて、そのころ、田舎《いなか》の中学生にとってはもう夢の世界です。彼女、どんなポーズでピアノを弾《ひ》いてるんだろうと妄想をふくらませているうち、どうしても二階の部屋を覗《のぞ》いてみたくなって、悪友を誘ったところ七人もあつまったんです。

どうやったら覗けるか。まず梯子《はしご》をかけることを考えたんですが、夜にロープを使って上るのがいいと、これは僕の提案です。で、ある晩、ロープの端に石を結びつけて屋根に投げて、両側を通したんです。一方のロープの端から上ったところ、二メートルくらいのところでロープが切れて落っこちて、頓挫《とんざ》です。まるで、トム・ソーヤーの冒険みたいな話です。そんな悪さをしましたが、異性にはウケがよかったですね。でも、その分、男性の敵が多くなります。喧嘩《けんか》好きのグループに呼び出されて、生意気だとか因縁をつけられ殴られました。それで黙ってては男がすたる。

喧嘩に強くなろうと一所懸命、体を鍛《きた》えはじめたんです。走ったり、鉄棒で懸垂《けんすい》したりして。クラブ活動は文化系じゃなくバレーボール部に入って、それなりの活躍をしましたよ。上背がなかったのでセッターです。トスをアタッカーにあげる役ですね。

じつは、中学に入ってから演劇部みたいなものを作るので来ないかという誘いを受けました。でも、思春期って微妙でね。演劇部員は女の子が多い。女の子しか行かないような所には、男としてどうも入れないというか、恥ずかしい。すごく興味があるのに、あえて距離をおく。そんな妙な感じがあって、演劇への誘いにのらずに体育会系に入ったんです。

軟派の心を宿しながら、硬派にみられたい気持ちがあったのかなア。体育会系に入っても映画俳優になる夢はずっと持ち続けてました。ただ、映画俳優になるにはどうすればいいか、まるでわからない。まわりに芸能関係者はゼロだし、今と違って、田舎の中学生には映画の情報もほとんど入ってこないですからね。

それでも、子供のころから楽観的にできてたんでしょうね。こんなふうに漠然《ばくぜん》と考えてました。東京にいけば撮影所なんかもあるし、町を歩いてたら石原裕次郎《いしはらゆうじろう》さんとすれ違ったりするかもしれない。そしたら、裕次郎さんに、「あのう僕も映画俳優になりたいんですけど」なんて話しかければ、聞いてくれるんじゃないか。

そのくらいのゆる〜い考え方でいました。漠然とした憧れですね。

そのうち、他の中学の女生徒にも知られるようになって、映画俳優になるっていう夢がどんどんふくらんでいくんです。目立つのが好きだったんでしょうね。新しく担任になった教師に、自己紹介するとき、

「サイデン（西田）・ビンコウ（敏行）です」と名乗ったりもしました。カッコーつけてたんですね。それで綽名《あだな》が「ビンコー」になりました。生徒会の議長にも選ばれたし、とにかく人

気者でした。

子供ながらみんなから注目されることに快感を覚えてしまったんですね。誰でも注目されたいって気持ちはもっているでしょうけど、僕の場合はそれが人一倍強かった。当時の写真を見ると、何人かで写っている中でたいてい僕は中心にいて、ちょっとカッコーづけのポーズをとってるんです。着ているものも、着こなしも当時としては都会風です。

中学三年になったとき、日活に新しいアクション・スターが出現したんです。今の若い人は知らないかもしれませんが、赤木圭一郎《あかぎけいいちろう》です。日活にニューフェースとして入社した青春スターで『素っ裸の年齢』で主役デビューを飾った、まさにヒーロー。

初めてスクリーンで赤木圭一郎を見たとき、世の中にはこんなカッコいい俳優がいるのかって、ボーッとしましたね。日本人離れした彫りの深い顔で、退廃的な雰囲気をもってて、態度物腰すべて真似してみたくなりましたよ。

赤木圭一郎はハリウッドの人気俳優トニー・カーチスに風貌が似ていたので、「トニー」の愛称で呼ばれてたんです。歩いても走っても立ち止まっても「トニー」。こっちは「ビンコー」。トニーとは比較になりません。

映画俳優って素晴らしい。自分がふさわしいかどうか考えるより、映画俳優になりたいって思いこむと、空想のなかでは「ビンコー」が「トニー」になってるんですよ。赤木圭一郎は日活のアクションスターとして「タフガイ」の石原裕次郎、「マイトガイ」の小林旭《こばやしあきら》に続く「第三の男」と呼ばれるようになったんです。

あのころの僕の写真はみんな赤木圭一郎のポーズになってます。かっこいい車の横で、ポケットに手を突っ込んで、カメラに正対しないんです。斜めにこう構えて。太陽など見なくていいのに、太陽をみてまぶしそうにしたり。泳ぎにいったときには黒いサングラスをかけたりして、もう気分は赤木圭一郎そのものです。

赤木圭一郎はあのままいけば日本映画を背負うスターになったと思います。不幸なことに昭和三六年、日活の撮影所内でゴーカートを運転中、ブレーキとアクセルを踏み間違えて、倉庫の鉄壁に激突。二一歳の若さで亡くなってしまったんです。そりゃショックをうけましたよ。憧れていたスターが消えてしまったわけですからね。

映画以外にも大衆演劇を見てました。郡山《こおりやま》市内に大衆演劇の専門館があったので。ただ、新劇は見る機会がなかったんです。初めて新劇を見たのは中学一年のとき、市民会館で早稲田大学の、なんという劇団であったか忘れましたが、タイトルは『坩堝《るつぼ》』という作品です。アーサー・ミラーの作で、タイトルからしてちょっとむずかしいかなと思いながら、〝新劇〟という言葉になんか新鮮なものを感じて見にいったんです。

芝居の内容は正直いってちんぷんかんぷんでわからなかった。ところがです。芝居が終わって搬出をしている劇団員を見てすごく感動したんです。みんな早稲田の学生さんですが、頭にバンダナを巻いて、ジーンズをはいて、シャツをこうざっくりと着て……。

それが妙にカッコよくてね。みんな知的に見えたし、素敵でチャーミングなお姉さん、お兄さんだなあと。そして、映画だけじゃなく、演劇という世界もあるんだなと思ったんです。ああいう場所に行くのもいいなあと。

＊

中学三年になると、高校進学が待ち構えてます。郡山市では安積《あさか》高校が進学校として知られていて、担任から「西田ならそこに入れる」といわれました。両親は僕が俳優を志《こころざ》すことに特別反対はしなかったのですが、高校は地元にして卒業してから東京へ行けばいいという考えでした。

担任と養母と僕の〝三者面談〟というのがあって、そこでも担任と養母から安積高校を受けるようにすすめられたんです。でも、気持ちはもう東京です。東京にはあの都会的で洗練された雰囲気の転校生の女性もいるし、新聞でも「東京」という字を見ると、胸が弾《はず》むんです。僕なりに調べて明治大学附属高校に行くと密《ひそ》かに決めました。明治大学には演劇科もあるし、まず附属高校に入って大学の演劇科に進んで、それからカッコいい映画俳優に……と、イメージというか妄想《もうそう》をふくらませていたんです。

両親には俳優になりたい希望をはっきり伝えました。高校から東京に行くについては、こんな理由をつけたんです。

映画を見てると、役者がみんな、きれいな標準語で話している。時代劇だって福島なまりで喋る人などほとんどいない。だから俳優になるにはまずなまりを直さなければだめだ。そのためには東京に行くのが一番いい。福島で三年間を過ごすのは時間の無駄であると。頭の柔らかいうちに、音感のいいうちに、標準語をマスターしないと、なまりが抜けなくなるって力説しました。まだ脳がやわらかい高校時代に東京で暮らしたら、東京弁を早くマスターできるし、福島弁も東京弁も話せるバイリンガルになれるんじゃないか……とあくまで前向きというか楽観的な僕は思い込んでたんですね。

養父母とも東京行きに大賛成というんじゃなかったけど、「それじゃ、行ってみるか」と意外とすんなり認めてくれたんです。東京には実母もいるし、養父母としても安心だったんでしょう。

じつは、中学二年のとき、養父母に「俺は養子だよね」という確認をしてたんです。五歳のときに涙のお別れをしたのが実母であると、うすうすわかってはいたんですが、子供って環境に順応する力がすごいですからね。実母のことはほとんど意識にのぼらなかったですね。養父にはこういわれました。

「これからどう生きるかは、敏行、お前が決めることだ。自分の思ったとおりにすればいい」

ありがたかったですね。僕はその言葉を胸に秘めて明大附属中野《なかの》高校を受験するんです。晴れて合格通知をもらい、東京に出て行きました。

東京の住まいは大田区《おおた》の蒲田《かまた》です。蒲田は昔、松竹の撮影所があったところですね。『蒲田行進曲』って映画は蒲田の撮影所が舞台です。蒲田は実母が美容院をやっていたところでもあるんです。実母は再婚して別のところに住んでいたので、空き家です。ま、一人住まいの下宿といった形です。隣りが親戚だったので、食事をそこでとって、お風呂も隣りで入れてもらいました。

大都会に出てくると、よくカルチャーショックを覚えるといわれますが、僕の場合は、部分部分の小さなショック、たとえば電車の乗り継ぎの戸惑いとか、ちょっとした違和感、困惑みたいなものを覚えたんです。でも、そういうカルチャーショックはたいしたことじゃない。

予想もしなかったことで挫折《ざせつ》するんです。何がつらかったかというと、友だちができにくいことです。郡山じゃあ社交性が人一倍あると思ってましたから、誰とでもすぐ友だちになれる。ところが、東京ではなかなか友だちができないんです。

今まで中心になってやっていた人間が、中心からはずれる側にまわる。僕としてはまったく初めての役回りでした。

どうしてだろう？　なんだろ、この疎外感《そがいかん》は！　と思ったら、原因がわかりました。言葉だったんですね。福島なまりです。音が濁《にご》ることが多いんです。たとえば「柿」のことを〝かぎ〟といったり。単語の最後に「コ」をつけ、馬のことを〝うまこ〟といったり。アクセントも微妙に違うし、教室で僕が喋ると、クラスの連中がクスクス笑う。こっちは怒ることもできずに、じっと屈辱感《くつじょくかん》をかみしめてましたよ。怒れば多分、福島弁がとびだして、もっと笑われる。想像すると、結局なにも喋れなくなるんです。

東京にはものすごい数の人がいるのに、親しく話せる友だちがいない。隣りに親戚がいるといっても、一人暮らしです。中学時代にまったく体験しなかったことが、どっと押し寄せてきて、新しい事態にうまく対応できない。

自信満々であったのが、コンプレックスの塊になってしまったんです。今思い返すと一種の対人恐怖症になったんですね。ここから脱するには福島方言を直すしかない。具体的には〝演じる〟ことです。東京の少年を懸命に演じるんです。そしたら友だちが郡山にいたときみたいにたくさんできるはず——だったんですが、これがダメなんです。

＊

後になってわかったことですが、東京の少年を演じることで、だんだん暗めの表情のない少年になっていくんですね。「ああ、そうですか、わかりました」みたいな東京弁で喋ると、どこか違和感があって、自分が自分でないみたいで落ち着かない。それで社交性も失われるし、どうしても暗く陰気な生徒になってしまう。

福島の方言を駆使してギャアギャア、ギャアギャア騒ぐ。それで生まれる、表情豊かで明るい「ビンコー」が消えていくんです。当然、表情も冴《さ》えなくなって、言葉も少なくなる。すると、ますます友だちができにくくなる。悪循環です。

学校へいっても面白くないから学校の授業に出る気持ちが薄れて、映画を見たりしてました。そのうち、クラスの連中も慣れてきて、福島弁を笑うこともへっていきましたけど。もう郡山時代の、あの明るく活発だった「ビンコー」にはもどれない。それで、なるべく学校に行かない消極的な生徒になっていくんですね。

朝、家をでて蒲田駅から京浜東北線《けいひんとうほく》で品川《しながわ》にでて、そこから山手線《やまのて》で新宿《しんじゅく》まで行って中央線《ちゅうおう》に乗り換えて東中野まで行くんですが、乗り換え駅の新宿が近づくと、ああ学校に行きたくないなと思う。すると乗り過ごすんですね。そのまま山手線に乗って上野《うえの》の方向へ行ってしまう。じゃっかん福島に近づいたような気がするもんだから、上野あたりまで行くんです。

当然、授業は欠席です。鬱々《うつうつ》として楽しめない日々で、体型も変化しはじめたんです。高一の後半ごろから急に肉がつきはじめて、背はちっとも伸びないで横にひろがる。そうすると、急に足の短さが目立つようになる。中学時代、足が短いなんてまったく意識しなかったんですが、それが気になりはじめて。

もう、あのカッコいい赤木圭一郎や石原裕次郎になるどころじゃない。そんな折、上野動物園のゴリラと運命の出会いをするんです。

ある日、山手線の新宿で降りないで、そのまま上野駅まで行って下車しました。ぶらぶら歩いていくと、修学旅行できた上野動物園があったんで何気なく入っていったんです。そこにアフリカから連れてこられた最後のゴリラ、ローランドゴリラがいたんです。ブルブルという名のゴリラです。

最初にブルブルに出会ったときから、妙に気をひかれましてね。群れから一匹だけ離れて、どこか悲しそうな表情をしている。ああ、ここに同類がいる！　しばらくの間、じっと見合ってました。すると、妙に気持ちが落ち着くんです。

それがきっかけで、週一くらいのペースでブルブルに会いに上野に通うようになったんです。向こうもだんだんわかってくる、またアイツが来たなって。

何度も通ううち、アイコンタクトを取れるようになりました。言葉にはならない何かを目と目で通い合わせる。ようやくできた友だちがゴリラっていうのもアレですけど、すごく救われた気分でしたね。

アフリカから連れてこられて遠くを見つめている、彼の哲学チックな表情と、僕自身が置かれている心境が、ぴったり重なったんでしょうね。ある意味ですごい親近感が生まれて、動物園にいる間中ずっとブルブルを見つめてました。見ていると、情緒が安定して楽なんです。ブルブルはゴリラの檻《おり》の高台の所に胡座《あぐら》をかいて群れから離れて座ってました。そして、どこか遠くを見たりする。ブルブルの視線の先には、アフリカの空があるんだろうなと思いました。説明書きに「アフリカから来た最後のゴリラ」とありました。ブルブルには酷だけれども、「アフリカから来た」というのは「アフリカから連れてこられた」ってことです。

どうやってゴリラをゲットするのかわかりませんけど、子供のゴリラを引き離すため、親のゴリラは殺されたんじゃないか。母親から力ずくで引き離される光景が目に浮かんでくるんです。

ゴリラって感情の起伏が激しいんですよ。そして躁《そう》と鬱がはっきりしている。先週きたときはえらく愉快そうだったのが、今週はぐったりしてる。あの山のような体全体がもうたまらなく悲しげでね。背中であれほどまで悲しさを表現できる動物は他にいませんからね。ゴリラって涙をためるんですよ。

何度も通ううち、ブルブルと何か話ができそうだなって気持ちになってきて、話しかけたりもしました。ブルブルのちょっとした表情の変化や手足の仕草で、こっちの言葉に返事を返してくれている気分になったこともあります。

今、思い返すと、ブルブルは、ある意味、僕の教師でしたね。役者としての栄養分をいっぱいたくわえられたのは、ゴリラを見つめてた高校時代かもしれないですね。

高校時代を、あのまま郡山ですごして、中学時代のあの陽の当たる場所にずっといたら、ブルブルに出会うこともなかったワケで、その後の自分はなかったでしょうね。

*

上野動物園に通うといっても、落第しない程度には高校の授業に出てました。でも、高校生として学ぶというモチベーションは、普通の高校生より少なかったですね。

せっかく俳優を目指して上京したんだし、何か演劇に関わるようなことを早くやりたい。ともかく演劇学校みたいなところに転入したいなと、郡山に帰省したときなど親にいいました。でも、両親はとにかく高校だけは出てくれと。養父母は公務員や教師などが多い一族ですから、やはり堅い職業につかせたかったんだと思います。僕は映画俳優になるために東京に出てきたんだし、まだチャレンジもしていないのに、諦《あきら》めるわけにはいきません。

高校では一応、乗馬クラブに籍だけ置いてました。時代劇に出るときに役立つんじゃないかと思って入ったんですけど、学校に馬がいるわけじゃなくて、遠くにあるクラブに行かなくちゃいけない。それにクラブフィーがけっこうかかるし、確か二年くらいで乗馬クラブそのものがなくなったんじゃなかったかな。

東京の高校に馴染《なじ》めなかった分、夏休みや冬休み、春休みには、たいてい郡山に帰省してましたね。福島弁まるだしで話せる友だちと話すと、気分が落ち着くし楽しい。養父母にも会えるし、〝演じる〟必要もないし、故郷はいいなァとあらためて思いましたね。

東京では、こんなこともありました。

ある日、新宿で不良学生のグループにインネンをつけられて、養父が入学祝いに買ってくれた腕時計をとられちゃったんです。悔しかったですね。喧嘩に強くならなくちゃダメだと思って、喧嘩に強い同級生に喧嘩のやり方を教わりました。喧嘩って先手必勝なんですね。喧嘩の要領を学んでから新宿にいって腕時計をとった連中を探しまわったこともあります。

学校をさぼっていたことや腕時計をとられたことなど、もちろん養父母にも隣りの親戚にも話しません。でも、気持ちの落ち込みは表に現れるんでしょう、養父母は帰省した僕を見て、「敏行、東京で一人で大丈夫か」と心配してくれました。親はもちろん郡山の中学の同級生に、東京で映画俳優になると宣言して東京にいった手前、いつまでも落ち込んではいられません。そのうち、僕なりに脱出口を見つけました。

「東京の人間になろうという努力はやめて、カッペとして開き直る」

これです。面白いことに、開き直ってまわりをみると、わかったことがあるんですよ。スマートに見えた同級生も、じつは本当はカッペばっかりだってことが。だったら開き直る必要もないんじゃないのか。ありのままの「ビンコー」でいいんだ。

そういう心境になったんです。それからずいぶん気持ちが楽になりましたね。

＊

孤独な高校時代、心の支えになったのは映画ですね。なかでも、内田吐夢《うちだとむ》監督の一八〇分にわたる大作『飢餓海峡《きがかいきよう》』との出会いは強烈でした。

昔は北海道と本州を直接つなぐ鉄道はなくて、青函《せいかん》連絡船で往復してたんです。津軽《つがる》海峡を船でわたるんです。連絡線の洞爺《とうや》丸が台風で転覆し大変な数の死者がでた大事故があったんですが、それと北海道岩内《いわない》での大火事をひっかけて、作家の水上勉《みずかみつとむ》が渾身《こんしん》の力を発揮して書いたのが『飢餓海峡』です。それを映画化したものですが、主人公は殺人を犯しながら、その後、社会福祉家として地方都市で成功をおさめ名士となる。

この主人公を演じたのが三國連太郎《みくにれんたろう》さんです。

演技がうまいとかの次元じゃあなく、あれは三國連太郎さんそのもの、三國さんの全身全霊なんですね。ものすごい存在感で、僕は全身が震えるほど惹《ひ》きつけられましたね。やっぱり役者《じ》ってすごいな、素晴らしいなとあらためて思ったんです。三國さんは『警察日記』（久松静《ひさまつせい》児監督）にも出演していて、僕が子供のころ、そのロケが郡山で行われたこともあります。主演は、その後の僕の俳優人生に大きな影響をあたえてくださった森繁久彌《もりしげひさや》さんです。子役で出ていたのが二木てるみさん。警察官の三國連太郎さんが自転車に乗って走るシーンなどのロケ風景を、僕はこの目で見ています。

それで、世間知らずの高校生は思うんです、なんとか三國連太郎さんの付き人になれないものかと。

第三章　ターニングポイントは『写楽考』の舞台

明大附属高校を卒業して、東京の明治大学農学部に入りました。明大には演劇科があり、そこに入るつもりで附属高校に入ったのに、授業をさぼりまくっていたので成績がかなり悪い。その成績じゃあ演劇科への進学はむずかしいといわれ、内部推薦で農学部に入学したんです。そもそも農業などやったこともないし、やろうとも思っていなかった。結局、授業には一日でただけで、あとはずっと欠席して、除籍となりました。

その後も上野動物園には通いましたよ。ゴリラのブルブルと顔を見合わせながら、

「どうすんだ、お前、俳優になるのかならないのか」とぶつぶついってました。もちろんブルブルにこっちのいってることはわかりませんが、なんとなくこっちの気持ちは理解してたんじゃないかな。

すでに、俳優になる決意を固めていました。問題は俳優になるってことを養父母にどう切り出すかでした。大学の講義は休みっぱなしだし、いずれ除籍になり、養父母にもわかる。

二人とも実の子以上に愛情をそそぎこんでくれたので、僕としても期待を裏切ることはでき

ない。だからって、夢を捨てることもできない。悩みました。

大学と俳優と二足の草鞋《わらじ》を履くという選択肢もあったんですが、そんな器用なことはできそうもない。

養父は、お前の進みたい道をいけといってくれたけれど、僕が農学部に入ったことで、堅い仕事についてくれると内心期待していたところもあったんだと思います。それに、僕自身いくら楽天家でも、東京へ来てみてプロの俳優への道が険しいってこと、わかってきました。迷いに迷って、もう一歩踏み込めないでいたとき、肩をポンと押してくれたのが、前の章で触れた三國連太郎《みくにれんたろう》さん主演の映画『飢餓海峡《きがかいきょう》』だったんです。

養父母を説得するため、僕は三國連太郎さんのことを話しました。『飢餓海峡』の前に三國さんは、『異母兄弟』という映画に出てらして、最後に七〇歳の老人をやるんです。そのとき、三國さんは老人になりきるため健康な前歯をぬいちゃう。そんなエピソードを持ち出して、「役者の仕事は中途半端じゃできない」「二足の草鞋はむり」とか、当時自分のもってる語彙《ごい》の限りをつくして説得しました。

両親は僕の決意が固いと知ると、了解してくれました。ですから、三國さんは僕にとって特別な存在であるんです。その後、『釣りバカ日誌』で二二年もの長い間、ご一緒に仕事をすることになるのですが、知れば知るほど三國さんは不思議な俳優ですね。お年をとってからは変化があって穏やかな印象ですが、僕の若いころに出会った三國さんは、猛々《たけだけ》しく強烈な個性をもった役を演ずる人でした。

＊

役者になると決断してから「日本演技アカデミー」の夜間に通いました。こういうところがある、と養父が知らせてくれたんです。すでに触れましたけど、養父は昔、映画俳優を目指していたんです。

よおし、親父の夢もこのオレが実現してやる、といった気概があったかどうか、今は記憶が薄れていますが。多少ヒロイックになっていたことは否定しません。

日本演技アカデミーは、文藝春秋《ぶんげいしゅんじゅう》社を起こした作家の菊池《きくち》寛《かん》さんが作った映画学校の延長線上にあるものです。菊池寛さんは大映の社長も一時期やってらして、映画にも興味をもってたんですね。アカデミーの代表が作家の舟橋聖一《ふなはしせいいち》、校長が女優の淡島千景《あわしまちかげ》さんと記憶しています。俳優の菅原謙次《すがわらけんじ》さんや監督の今井正《いまいただし》さん、家城巳代治《いえきみよじ》さんとか錚々《そうそう》たる人が講師陣に名を連ねてました。

すごいメンバーです。よし、ここに絶対に入ってみせるぞと受験しました。筆記試験のほか朗読やパントマイムがありましたが、すべてパス。やっと関門をくぐりぬけた心地でした。

ところが入学して一ヶ月もしないうちに幻滅するんです。応募のパンフレットに名前をつらねていた人たちのほとんどは、生徒集めのための「サクラ」、つまり名前貸しだったんですよ。じっさいの授業は新劇の演出家のタマゴみたいな人たちがやるんです。

「おいおい、オレは映画俳優になるためにこの学校に入ったのに、新劇のお勉強かよ」最初はそんなふうに思ったんです。ところが、授業を受けているうちに次第に感化されてしまい、芝居っていうのもいいかなあ、と思うようになるんです。

よくいえば柔軟性がある、悪くいえば感化されやすい。あのころの僕はそうでした。今も多少、そんな気質が残っているかもしれないですけど。

演技アカデミーでは、講師の演出家から、「今度、オレ、芝居やるんだけど、切符買ってくれよ」っていわれて、バイト代がみんな切符に消えましたね。でも、切符を買って新劇を見にいってるうち、だんだん新劇にハマっていくんです。

演技アカデミーは二年制です。その後、この学校は桐朋《とうほう》学園短期大学になるんです。そのまま桐朋学園に進学する選択肢もあったんですが。僕としては俳優座養成所のようなところだったらともかく、大学の一環になると面倒くさいなと思って辞めました。

そして、演技アカデミーの同期の仲間と「シアター67」を旗揚げしました。旗揚げのメンバーは他の劇団からの参加もふくめて一四、五人だったかな。経費などはみんなでいろんなアルバイトをしてためたものです。もっとも事務所があるわけではなく、今、小劇場でやっている若者たちのグループに近いかな。貧乏だったけど、みんな意気軒昂《いきけんこう》、当時の演劇界のあり方に強烈なアンチテーゼをもってました。演劇界になんのつながりもないので、既成の劇団、既成の俳優、既成の芝居に対して「挑戦してやる！」って気概をもって立ち上げたんです。

当時はやっていたアングラ芝居の系統といってもいいでしょうね。僕は一九歳、仲間は二〇歳くらいでした。大学をやめてしまったし、僕としてはこの劇団に賭けるつもりでいたんです。ところが、見事こけました。一年間に三本の芝居をやったんですが、お客がまるで入らない。ひどいときは、一五人も役者が登場するのに、お客は二人。泣きたいほどでしたね。

大変な赤字を出してつぶれました。赤字は仲間でわけあって、キャバレーのボーイや居酒屋のアルバイトなどをして返すことになるんです。

ものごと悪いことばかりじゃありません。演技アカデミーに入ってから、いろいろな劇団の公演を見て歩いたり、仲間と議論したりしているうち、演劇への興味が強くなっていくんです。そして、演劇を続けていくならどこかの劇団に入らないとダメだと思うようになりました。

文学座と俳優座、民藝が当時は新劇の三大劇団として名前が通ってました。僕は文学座を受けようかと思っていたところ、仲間にこういわれたんです。

「文学座の新人ですごく上手い役者がいる。江守徹《えもりとおる》って役者だ。お前、江守に似てるからやめたほうがいい」

理由をきくと、「役がだぶるから」というのです。そんなとき、日本演技アカデミー時代の友だちが、今度自分のでる芝居があるから見にこないかと誘ってくれたんです。バイトに明けくれていて金がないというと、彼は裏からそっと入れてくれました。

それが劇団青年座公演の『鳥たちは空を飛ぶ』でした。そのあと、安部公房《あべこうぼう》作の『友達』も青年座で再演したのを見ています。とても面白かった。で、青年座という劇団についてちょっと調べてみたところ、この劇団は俳優座にいた人たちが分かれて作った劇団で、当時の新劇が「赤毛もの」といわれる欧米の翻訳劇を中心にやっていたのに対して、日本人の書いた演劇を中心にやっていこうという考えをもっている。創立一三年目でした。

最初に見た『鳥たちは空を飛ぶ』は、俳優が大勢でるのに、お客は前のほうにちょぼちょぼいるだけ。これは経営的に厳しいところだな、と僕自身仲間と作った劇団をつぶしていたので、妙に親近感がもてました。

芝居が終わってからの帰り道、誘ってくれた彼が、「西田、うちの劇団に来いよ。おまえならキャリアもあるし、すぐ入れてくれると思うよ」といってくれたんです。

当時、一日授業に出ただけの大学は除籍になっていたし、旗揚げした劇団はつぶれるしで、ウサ晴らしに新宿《しんじゅく》のションベン横丁や渋谷《しぶや》の思い出横丁などの安酒場で、酒を飲んでは寺山修司《てらやましゅうじ》がどうのこうのとか議論をしてました。最後は喧嘩《けんか》になることもしばしばです。当時、橋幸夫《はしゆきお》と吉永小百合《よしながさゆり》のデュエット『いつでも夢を』が大ヒットしていて、酔った僕らは「お持ちなさいな　いつでもユーメヲオ」などと大声で歌ったりしてました。

それから十数年後、まさか吉永小百合さんと共演するなんて、それこそ夢にも思っていなかったなア……。

＊

劇団青年座は昭和二九年の創立で、山岡久乃《やまおかひさの》さんや東恵美子《あずまえみこ》さん森塚敏《もりづかびん》さん、初井言栄《はついことえ》さん、中台祥浩《なかだいよしひろ》さんなどがいました。最初、渋谷にあって、僕が研究所に入ったときは下北沢《しもきたざわ》で、それから代々木八幡《よよぎはちまん》に移るんです。

僕は宙ぶらりんな状態でいたので、この劇団に入ってみるかという気持ちになりました。で、友人を通じて劇団の幹部にあったところ、「いきなり座員はむりだ。今年から付属の養成所を開いたから、そこに入って勉強するように」とのこと。

プロの先輩たちと芝居ができると張り切ってたのに、なんだ、養成所からか、とちょっとがっかりしましたね。劇団自体は面白そうなので、付属の研究所（養成所）に入りました。

その後、青年座とは長いおつきあいになるんですが、当時の僕は養成所に入ったこと自体が、ちょっと腹立たしかったですね。こっちはすでに仲間と劇団をつくって公演を打ってたワケです。自分としては「れっきとした劇団員」を経験してるのに、養成所の生徒になって一から出直しかよ。一軍のプロ野球選手が、二軍の予備軍になったようなもんです。自分より年下の未経験者の中で、同じことをやらされるっていうのは、正直いってかなり苦痛でした。

すでに充分屈折してましたが、そんな僕にシアター67の仲間から容赦《ようしゃ》のない叱責《しっせき》が飛ぶんです。「西田、青年座を受験するとはなんだ。お前はいつからメジャー指向になったんだ！」

一晩、彼らから酒責めにあい、メッタ打ちです。落ち込みましたよ。

でも、好きで選んだ道だし、明大附属中野高校のときとは違います。養成所の隣りが金子《かねこ》ボクシングジムでね。しかも、役者の肉体訓練を担当していたのは、そのジムの金子繁治《かねこしげはる》会長。厳しかったですよ、なにしろボクサーを鍛えるやり方でシゴくんですから。

僕はヒネた生徒でしたけど、二日酔いがどんなにひどくても、どんなに金がなくてメシを食ってなくても、無欠席で通った授業があります。モダンバレエの授業です。指導の先生の名前は今でもよく覚えてます。

加藤より子さん。鍛《きた》え抜かれた、はちきれんばかりの体をレオタードに包んでるんです。もう眩しくて、まともに見つめることができない。今思い返すと、大人の完璧な肉体に対する羨望であり、片思いといってもいいかな。いや、正直に「恋の奴隷《こいのどれい》」であったといいましょう。

加藤より子さんは、僕の思い詰めた気持ちをわかっていたかどうか知りませんが、ほんとに真面目に厳しくシゴいてくれました。もう息も絶え絶えのトレーニングです。疲れ切って朦朧《もうろう》とした頭の芯《しん》に、彼女のソプラノの美しいフランス語がひびく。いやア強烈でしたね。

当時、養成所にいた同期は四〇人ほどでしょうかね。ほとんどは途中で芝居から離れていったようで、未だに俳優をやってるのは、僕一人です。後輩には、竹中直人《たけなかなおと》とか、現在青年座を背負っている高畑淳子《たかはたあつこ》とかいますけど。

養成所での二年間が終わると、青年座に入るかどうかの進路指導があります。すでに僕はここに入ろうと決めてました。じつは僕なりの「したたかな計算」があったんです。

青年座の俳優さんたちは、みんなすごく真面目でシリアスな芝居をする。こういう真面目人間たちのなかにいれば、僕のようにいい加減で不真面目な人間は目立って注目されるはずだって。進路面接のとき、座長の森塚敏さんに、劇団じゃあ一生食えないかもしれないぞ、といわれました。僕はこう啖呵《たんか》をきりました。

「食えるか食えないかは、座長が決めることじゃないでしょう。僕は食ってみせます」

自分はいつか必ず注目されるはずだって、妙な自信があったんですね。若かったからでしょう。若いってことは危なっかしいけど、強みでもあるんですね。現実は厳しく、その後の二年間、およびのかかるのは、映画でいえば「その他大勢」の類のチョイ役ばかりでしたけど。当時を思い返すと——僕にとって劇団青年座は、そうですね、フランチャイズができたかなって感じですね。舞台をやることがメインで、当初の映画俳優になるって夢は背景にいってましたからね。

テレビ、映画がむしろアウェイでしたね。新劇をフランチャイズにしたものの、新劇系の劇団や小劇場の座員は舞台だけでは食べられない。それが悩ましいところです。よく友だちから金を借りては新宿駅西口で二五〇円の天ぷら蕎麦を食べてました。これが楽しみでね。青年座の正式の座員になってからもいろんなアルバイトをしました。皿洗いやキャバレーのボーイなど、もういろいろです。キャバレーでは、開店前にホステスやボーイがずらっと並んで「今日も頑張ろう!」って片手をあげて大きな声をだすんです。女性がいっぱいいるし面白いかなと思ったのですが、お客のいないときのホステスさんて、怖くてしょうがない。長続きせず辞めました。

ほかに、新宿の猪肉《ししにく》屋でバイトをしました。そこには猟犬が八匹もいて、僕が散歩させるんです。なにしろ力が強いし、八匹ですよ。犬の力にひっぱられ、転んで手足をすりむいたり。なんとその店では熊も飼っていて、熊小屋の掃除もやりました。竹の棒でフンをよけるんですが「ウウウッ」って吠えられて、吹っ飛びましたね。

お茶漬け屋でバイトしてたときは、毎日皿ばかり洗ってました。そういえば「ネズミ騒動」ってのがあったなア。夜、仕事が終わって食べにきてたホステスさんが「ネズミがでた!」って大騒ぎしてたんです。板前に「とりなしてこい」っていわれて、僕はとっさに福島弁でネズミに向かって、「このヤロー、隣りの店から引っ越スて来やがったな。ダメだ」って叫ぶようにいったんです。そしたら、ホステスさんたちもケラケラ笑って丸くおさまり、僕は金一封をもらいました。

日本は高度成長の波にのって「奇蹟の成長」なんていわれるようになってました。一方で公害などが問題になったり、大学紛争もありました。全共闘運動が盛んなころで、「新宿駅騒乱事件」などもあって町が騒然としてましたね。良くも悪くも熱気があって、いろいろ実験的なこともできたし、世の中大きく変わるんじゃないかとワクワク感がありました。

青年座ですけど、ここは僕を育ててくれた劇団だし、居心地は悪くなかったですね。創立メンバーはもう雲の上の人って感じでしたけど、若い僕らは劇団代表の森塚敏さんを、「敏《びん》さん」と呼んでたんです。森塚敏さんには、役を作るプロセスを理論的に教えていただき、それは今も体の中に残ってますね。

その後、青年座を離れることになるのですが、青年座は僕の役者としての基本になっているとあらためて思います。

もう一人、役者としての生き様を教えてくれたのが、先輩劇団員の中台祥浩さんです。中台さんのことは「台さん」と呼んで慕《した》ってました。台さんは早く亡くなってしまったのですが、いろいろと忘れられない思い出があります。台さんが新小岩《しんこいわ》に住んでいたころ、こんなことがありました。

夜も更けているのに、僕たち大勢で押しかけたんです。確か1DKのアパートで、奥さんも子供も眠っている。これはまずいなと思ったんですが、台さんは嫌な顔ひとつせず、あがれと。それから台所の板の間に座って、飲んで語りました。おもに演劇論が中心ですけど、台さんはだんだん熱してきて、激して、やがて叫ぶ。そのうち奥さんが起きてくる。子供も目をさます。でも、台さんは奥さんや子供のことをまったく意に介さず、わめき続けてました。まさに「ド役者」ぶり。台さんの話自体が、青年座養成所の「生きた課外授業」でしたね。その後の僕の役者人生にとって、台さんがどれほど深い影響をおよぼしているか、計りしれないですね。

劇団員になって印象に残っている舞台は『情痴』（西島大作）でした。僕はヒロインの友だち役で、メークなしの赤ら顔に潰し島田の女かつらをのせて、ふてぶてしく演じるんです。ただ誘いにくるだけの役なんですけど、その誘い方をいろいろやったんですよ。長谷川一夫《はせがわかずお》の物真似でやったりね。そうしたら、芝居自体の劇評はあまりよくなかったんですけど、一行だけ「西田敏行という新人が面白い」って書いてくれたんです。嬉《うれ》しかったですね。

先輩の台さんにもほめてもらいました。「よくやったとかいうのではなく、面白いというところがいい」と。

「面白い」そうなのです。あのときの台さんの言葉は、今もなお僕の中に生き続けています。とにかく、もっともっと面白いものを役者として作る。この役者としての道は、広く、高く、深い、と胆に銘じましたね。記事を書いたのは演劇評論家の渡辺保《わたなべたもつ》さんですけど、その記事は切り抜いて今でも、家に大事にとってあります。

次の舞台は八木柊一郎《やぎしゅういちろう》作の『抱擁家族《ほうようかぞく》』です。これは純文学作家の小島信夫《こじまのぶお》の小説を舞台化したもので、中年家庭の危機を描いたものです。八木先生は原作が出てすぐ舞台化する企画を劇団にもちこんでいたと聞いてます。リアルでありながらデフォルメされた人間のおかしさをあぶりだす作品です。

芝居の脇役でほめられるのも嬉しいのですが、子供のころからの憧《あこが》れは「映画スター」です。スターになるって志をもって福島から東京に出てきたのに、なかなかチャンスがめぐってこない。映画どころか、青年座の芝居だって主役や準主役を演じるのはいつになるのか。じっさい、座員に昇格しても新米にそう簡単にチャンスはまわってきません。時間だけがいたずらに過ぎていき焦《あせ》りも生まれてました。

そんなとき、劇団で今度『写楽《しゃらく》』の芝居をやると聞きました。台本を見せてもらったところ、主役の伊之《いの》という青年についての卜書《とがき》に、こう書いてあったんです。

「背中の丸い、なにかにとりつかれたような、野性の目をギラギラさせている一人の猫背の男」

この男、オレのことじゃないか！　胸が熱くなりましたね。

「矢代静一《やしろせいいち》先生がオレのために書いてくれたものだ！」そう思って、座長や先輩たちに必死にアピールしましたよ。座長たちが僕のアピールをどうとったかわかりません。でも、これだ！と瞬間的に思いましたね。

謎の絵師「東洲 斎写楽《とうしゅうさい》」になる青年の物語です。矢代先生の作品の特徴でもあるんですが、第一幕の中ごろに案内人が登場します。写楽については「天明寛政《てんめいかんせい》の人、俗称、斎藤十郎兵衛、江戸八丁堀に住す、阿波《あわ》侯の能役者、東洲斎と号す」という定説があるんですが、矢代台本では、この能役者説を「まったくデタラメであった」と案内人に否定させるんです。

「間違いのない事実はたったひとつだけ。今を去ること一八〇年くらい前の、寛政六年五月から寛政七年三月までの期間に、写楽という落款《らっかん》のある一五九枚の浮世絵が描かれたというだけなのである」というんです。

写楽になる伊之という青年は博労《ばくろう》の倅《せがれ》で、育ちも卑《いや》しく、体も引け目のある人物として描かれる。そして、問屋の女房のお加代《かよ》（東恵美子《あずまえみこ》）と通じていて、彼女を殺したと誤解されて信州に逃げる。じつはお加代は肉欲におぼれて伊之と密通しながら自殺をするのですが。

一方、伊之は逃亡中に献身的に面倒をみてくれたお米《よね》（今井和子《いまいかずこ》）という女と一緒に江戸にもどり、歌麿に弟子入りし、有名な「大首絵」を描く……という展開です。

矢代先生は伊之を演ずる人物として新劇臭のしみついた俳優ではなく、新人の起用を考えていたようです。後で知ったんですが、プロデューサーの金井彰久《かないあきひさ》さんに「太っていて、野暮で、田舎《いなか》っぽくて、どこか狷介《けんかい》な感じの役者はいないか」といったところ、金井さんは「西田って新人がいる」と、僕を矢代先生に引き合わせたんです。矢代先生のお眼鏡《めがね》にかなったようで、「あ、コイツだ、コイツだ」ってことになって、入団二年目で主役に抜擢されることになったんです。

矢代先生の思い描いた「伊之」という人物のイメージと、僕がほとんど同じであったなんて、なんか運命のようなものを感じましたね。

＊

『写楽考』のキャスティングが発表されたとき、僕は信じられなくて茫然《ぼうぜん》としてました。「伊之　西田敏行」と書かれた文字を、じっと見つめていると、ポンと肩をたたかれた。振り返ると台さんがいて、「西田、やったじゃないか」って。

それから、どういうわけか記憶が薄れているんですが、「八木さんの家に行こうじゃないか」というんです。八木柊一郎先生は湘南《しょうなん》の辻堂《つじどう》に住んでました。二人で電車に乗って行ったんですが、途中で台さんは何度も下車して、ゲロを吐くんです。昼間からかなり酒を飲んでたんですね。やっとの思いで八木宅にたどりつきました。ウイスキーと八木先生の奥様の焼いたパンをご馳走になりました。パンは絶品でしたね。

台さんは、はるばるやってきたのに、何を相談するというのでもない。何を喋るでもない。ただ、八木先生と一緒に居る。ビートルズのナンバーが流れてました。八木先生がそのナンバーを口ずさむ。それを聞きながら、僕はたぶん、これからはじまる芝居の役のあまりの大きさと重さに必死に耐えようとしていた……と記憶しています。

台さんは無茶な生活もあって、若くして亡くなってしまったのですが、ああいう先輩たちとのつきあいで得たものは大きかったですね。芝居のことばかりじゃあなくて、酒の場や遊びも含めて、人間のもっている面白さ、おかしさ、愚かさ、不可思議さ、面妖さ等々を、具体的に見せてくださったし。僕の役者としてというより、人間としての基盤というか土壌を、先輩たちが築いてくれたんだなあ、と今あらためて思います。

『写楽考』に話を戻しますと――

戯曲《ぎきょく》は案外すらすらと読めたんです。簡潔に、楽に読めたんです。でも、どうも底が見えないという不気味な感じがどこかに漂《ただよ》っていて落ち着かない。ただ、そのときは「ナーニ、オレの肉に上乗せすれば、できるだろう」と開き直って稽古場に通ってました。そのうち、何物かに追い込まれるようで、だんだんわからなくなりはじめたんです。最初の思い切りのいい自分がどこかに消えて、弱気な自分しかいなくなって、やっぱりもっと本を読んで勉強しなくちゃだめだ、と悩みました。

そんなとき、はじめて矢代先生と口をききました。先生はこうおっしゃる。

「西田君、本なんか読む必要はない。小利口になるだけだぞ。あんまり戯曲を額面どおりに受け取ったってしょうがないじゃないか。お前は本を読まないけど感性がきらめくから、理にかなった芝居じゃないものができる。だから、あまり読書家になるなよ」って。妙な褒《ほ》められ方でした。

頭じゃなく体で表現するという意味に受け取りました。それは一理あるな。「そうだ、役を演じるのは俺だ！　戯曲の本質を全身全霊で体現するのは俺だ！」と自分の肉体にはねかえってきたんです。つまり先生は「お前は役者だ」と認め、激励してくださったのだ。そう思うと、気持ちが少し楽になりました。この芝居、無名の、目だけがぎょろぎょろして、猫背気味の青年が無性に絵を描きまくっている——というシーンからはじまるんですけど、当時の自分自身の思いと「伊之」という人物像がぴったりと重なったんですね。

忘れようたって忘れられない作品です。初演は昭和四七年、俳優座劇場でした。

この役はオレしかいないなんて啖呵をきってしまったものの、いきなりの抜擢ですからね。初演のときはものすごいプレッシャーを感じましたよ。「台詞《せりふ》を忘れたらどうしよう」とか初日が近付くにつれ、いろいろなことを考えるわけです。矢代先生に初めてお会いしたときのことを何度も思い出していました。先生は僕の顔をみつめて、「きみの顔は、写楽の描く絵に似ているなあ」とおっしゃったんです。

詩人の吉井勇《よしいいさむ》は、「写楽の絵をじっと見ていると、面白いんだけれど、やがて悲しくなってくる」といった意味のことをいってるそうです。矢代先生は、「きみの背景には、そういうものがあるよ」とおっしゃりたいのだ、と僕なりに理解し、それでずいぶんと緊張がとけました。

初日、袖から客席を見ると満員です。緊張で胸がドキドキして最初の台詞が思い出せない。開演の時間が迫っている。どうしようと思いましたね。そしたら先輩の台さんが、「西田よ、ここまできちゃったんだから、やるっきゃねえだろう、成功しようが失敗しようが、やるしかねえんだよ」「プレッシャーかけないでくださいよ」「プレッシャーなんて、お前にそんなものねえだろう」

愛《あい》の鞭《むち》みたいなもんですね。緊張しまくってたときだけに、台さんの言葉はありがたかったですね。「やるっきゃない」と、度胸をすえて舞台に出て行きました。芝居の間中、自分がどう演じたのか、なにもかもが上の空で、なんだかわからないまま幕になって、もう夢遊病者のようになって舞台をおりました。大失敗したかなと思っていたところ、みんながやたらに握手をしてくれて、「西田、成功だよ、大成功」ええ。ほんとかよ！　僕は思わずその場に座りこんでしまいました。

＊

六本木の俳優座、といっても古い建物のときですが、三階にメイキャップの部屋があって、劇場の前にお客さんの並んでるのが見えるんです。

「オオ、お客が並んでる」と思いました。劇団青年座の公演でお客が並ぶのは珍しいんです。初日であったか、二日目か三日目か忘れましたが、プロデューサーが階段を駆け上がってきて、「マルフダだよ、マルフダ」って叫んでる。マルフダってなんだろうと思ったら、要するにチケットが打ち止めで買えなくなることなんですね。見に来たのに満席で、諦《あきら》めて帰って行くお客さんがいる。そんなこと青年座開設以来だといわれました。

僕は三階から帰って行くお客さんを俯瞰《ふかん》で見て、すげえなあと思いましたね。窓からは安保反対のデモ隊も見えてました。「アンポー！ ハンタ〜イ！」なんて叫んでる。一方、こっちは「マルフダだよ」と叫んでいる。両方の間で、このオレはどこにいればいいんだろう、などと思ったこと、懐かしく思い出します。当時、新劇の役者は左系が圧倒的に多かったですから。

八代先生の戯曲『写楽考』のテーマはイデオロギーというよりは、むしろ人間の内的な葛藤をえぐるものです。政治的な動きというよりは、人の心の内側にどんどん入っていく話でしたね。当時はいわば「政治の季節」といった空気が漂っていたので、今この芝居をやるべきなのか、どうなのかとか。僕もまだ若くて熱かったもんで、ちょっと考えたりもしましたね。『写楽考』はそれから五年間に三〇〇回も上演することになるんです。

これは後から聞いた話ですが、もし『写楽考』が失敗したら、青年座は解散になっていたかもしれないと。劇団経営はかなり追いつめられていたんです。ですから一か八かの勝負で、新人の僕を抜擢したんだと思います。

『写楽考』にまつわるエピソードはいくつもあります。

じつは僕はある女性に惚《ほ》れこんでいて、なんとか一緒になりたいと思ってたんです。稽古が終わって身も心もボロきれのようになって稽古場近くの焼き鳥屋で飲んでたとき、矢代先生とご一緒したんですが、ついその女の話が口をついたんです。

そしたら、先生、「プロポーズはまだか。よし俺が手伝ってやる」とおっしゃって、ついには、「三人が一緒にならなければならない」ということになってしまった。三人とは戯曲のなかのお加代とお米と、惚れた女性の三人です。結局、この恋は実らず、先生は恩人になりそこね、僕は嫁さんをもらいそこねたんですが。あとで触れますが、その後、写楽の芝居を通して今の嫁さんと親しくなるんです。

本当にこの芝居には運命を感じてしまいます。それにしても、あの女と、自分と写楽、そしてお加代、お米の関係は、何だったのだろうか。そして、「お前は新人だから、大抜擢が話題になって客を呼ぶかもしれんぞ」と僕をそそのかす矢代先生は、あの蔦屋重三郎《つたやじゆうざぶろう》（版元で森塚敏が演じた）だと思いました。

『写楽考』の初演では、伊之役の僕は、結局お加代に惑わされたまま、最後まで彼女をひきずって幕を下ろしてしまったように思いますね。

初演から七年たって紀伊國屋で写楽を再演するのですが、そのとき、それまで気づかなかったことを気づかされました。それは、あとの章でお話しします。いずれにしても『写楽考』が僕のエポックメイキングとなりました。

この作品の前にも、テレビやラジオといったマスコミの仕事にちょこちょこ出てはいたんですけど、大きな役どころをもらえるようになったのは写楽をやってからです。いつだったか、矢代先生はこう述懐されてました。「写楽はもう、お前のために書き下ろしたみたいな本になっちゃったよ」

この舞台については、いろんな評価をずいぶんいただいて役者としての血肉になりましたね。地方の旅公演に行くと、公演のあとで演劇鑑賞会などの合評会のようなものをよくやるんですけど、一人の青年からこんなことをいわれました。

「妹にこの舞台を見せてやりたかった。もし僕の妹がもっと早くこの芝居を見ていたら、妹は自殺しなくてすんだと思います」青年が涙ながらにいう言葉を前に、僕は絶句しましたね。交流会のあと、十返舎一九《じっぺんしゃいっく》役の台さんからこういわれました。「役者やっててな、ああいう言葉を聞かされるときが一番幸せなんだよな。ギャラを何億もらうより」

僕も実感しましたね。台さんはさらにこういいました。

「トシ、お前はうまい役者になるな。見事な役者にもなるな。面白みのある役者でいろ」

この「面白みのある役者」という言葉が、僕の役者としての方向を決めてくれたという気がします。

「うまく演じようと思うな、演じようとするな。肩の力を抜いて、台さんのいうように面白みをだしていこう」僕は台さんの言葉を深くかみしめました。これこそ僕の役者としての自戒の言葉であると。そして、演劇という仕事は大事な仕事だなと思うと同時に、俺はもう正真正銘の役者なんだ、と妙な自信が湧いてきましたね。

第四章　テレビ小説『北の家族』のレギュラーに抜擢

『写楽考《しゃらくこう》』の地方公演は五年間、毎回半年以上かけて北海道から南の国までまわりました。合計で三〇〇回もの公演ですからね。全国、主要都市のほとんどをまわったといっていいですね。それだけの評判をいただいたんです。

毎年地方公演があったし、五年くらいは『写楽考』が僕のなかで大きなウエートをしめてましたね。面白いことに、同じ芝居でも時の経過とともにすこしずつ変わっていくんですよ。いや、生身の人間が演じるものですから毎回違うといってもいいくらいです。

年をおいて各地をまわるうち、「去年より全然いい」という意見もあれば、「去年の方がよかったな」と、いろんな意見が耳に入ってきます。中には、気分でいってるんじゃないかなと思うぐらい根拠がわからないいわれ方もしました。でも、あとで思い返すと、人間のサジェッションとか意見は、いわれてすぐその場でわかるものがある一方で、ある程度時間がたってから「なるほど、そういうことか」と初めてわかるものもあるんですね。

舞台は演じる役者やスタッフのものではなく、見てくださるお客さんと一緒に作るもんだなアと実感しましたね。幕があがり、五分、一〇分とすぎていく。お客さんがのっているか、いないかで、その場の空気が変わるんです。われわれ役者も、その場に漂う空気に影響され、微妙に芝居が変わっていきます。「生《なま》もの」のもっている面白さと怖さを、長い公演のなかで嫌《いや》っというほど味わいましたね。

数をこなすうちには失敗もありますよ。三島の公会堂で『写楽考』をやったとき、トイレにいって、そこの青いスリッパのまんま舞台に出てしまったんです。チョンマゲつけてるのに足にスリッパですよ。あ、いけねえ！　気がついたとたん、ものすごくあがっちゃいましてね、台詞《せりふ》がでてこない。いやア、まいったね、あのときは。赤面なんてもんじゃない、なんとか気をとり直して演じているうち、「伊之」になりきることができましたけど。

いずれにしても、『写楽考』は僕の芝居の原点ですね。あの芝居のおかげで、劇団青年座の名前がだんだん知られるようになったと思います。新劇の中で青年座はいつも「第三勢力」でした。一方、俳優座、文学座、民藝などは全国的に名前が通ってたし、格が上みたいに見られてましたね。

青年座の創立メンバーは割合無欲でやってきて、〝コンニャク先輩〟が多いんです。コンニャクみたいでとらえどころがなくて、摩訶不思議《まかふしぎ》な先輩が多いってことです。ここが人間の面白いところですが、たとえば文学座だと女優はみんな杉村春子《すぎむらはるこ》さんに似てくるんです。杉村さんは強烈な存在ですからね。

ところが青年座にはそういう強烈な先輩がいない。有名劇団に対してコンプレックスがなかったといえば嘘になりますが、強烈な先輩がいなかったことが、逆にいいのかなと思ったりもしましたね。自分なりの役者像を築けますからね。『写楽考』が評判をとったもので、僕の中で映画俳優というよりステージアクターとして生きていこうという思いが強くなっていました。公演を重ねていくうち、僕の名前も多少知られるようになって、映画やテレビからオファーが来るようになりました。もともと映画俳優になろうと青雲の志をもって東京に出てきたワケで、願ってもないんですが、『写楽考』は地方公演にまわるので、いい話がきても、旅のスケジュールとぶつかって受けられない。

「映画でいい話が来てたんだ」と後で制作から聞かされて、え〜ッて思ったことも何度かありました。正直、田舎《いなか》で芝居やってる時かいって思ったこともありますよ。

*

初めてテレビドラマに出たのは渥美清《あつみきよし》さん主演の『泣いてたまるか』だったと思います。『写楽考』をやる前の年ですね。そのときだったか、テレビを見た養母が「よかった、よかった」と泣いてくれました。嬉《うれ》しかったですね。ようやく親孝行ができたと思って。実母からの反応はあったのかどうか、記憶にないところを見ると、多分見てなかったんでしょう。

仲代達矢《なかだいたつや》さんが「テレビ出演は親孝行だ」とおっしゃってましたが、本当でした。養母は昔気質《かたぎ》なのかどうか、僕が自分の出る芝居の切符を送っても、必ず自分でお金を払って見るんです。最初だけじゃあなく、ずっとそうでしたね。

仕事の重心を舞台からテレビドラマに移すきっかけになったのは、NHKの朝の連続テレビ小説『北の家族』です。昭和四八年から四九年にかけて放送されたドラマです。ヒロインは高《たか》橋洋子《はしようこ》さん。家族のそれぞれの成長を描くドラマです。僕はヒロインの兄貴の友人、源太郎という大工役に抜擢されたんです。レギュラー出演です。

ＮＨＫのテレビ小説は当時、一年間放送の長丁場でした。プロデューサーの竹内日出男《たけうちひでお》さんが『写楽考』の舞台を見にいらして、声をかけてくださったんです。僕の記憶は薄れてるんですが、竹内さんが雑誌のインタビューに、こんなふうに語っています。

「（西田敏行の）独特のリズム感にひかれました。最初にラジオドラマにでてもらったんです。ラジオ当時は青年座の稽古場《けいこば》で、おどけて金太郎の腹掛けなんかして『テレビにもだしてよう』なんていってましたが、その彼が『北の家族』のオーディションにきて、『オレはでっかい劇場でオセロやりたいんです』といって審査員を茫然《ぼうぜん》とさせました。そのとき、線の太い役者になると思いましたね」

そんなことをいったんだ。いやア、恥ずかしいけど、嬉しいことですね。以後、「アウェイ」であったテレビが、次第に僕の「フランチャイズ」になっていくんです。

レギュラーに決まったとき、竹内日出男さんがいった言葉を覚えてます。「僕は今までずっとラジオドラマをやっていて、テレビドラマは初めてなんです」。最初、竹内さんは何をおっしゃりたいのかと、僕はじっと顔を見てました。「僕にはまだテレビドラマってよくわかりません。でも、勉強しながら作っていこうと思うんです。西田さん、わからない者同士、一緒にやっていきましょう」

竹内さんの誠実そうで正直な口調に僕は感激しました。それまで演劇では「食えない」が常識でしたから、同時に、これで一年間食えるぞと思って万歳したい気分でした。

幸い『北の家族』は四〇パーセントを超える高視聴率で、評判もよかったですね。友人や知り合いから、いわれましたよ。

「西田、お前もNHKのテレビ小説に出るなんて出世したもんだな」出世なんて考えてもいなかったんですが、全国放送の影響力はすごかったですね。知らない人から町で「西田さん、見てますよ」「頑張って」「サインしてエ」とか声がかかるようになるんです。養父母が喜んでくれたことはいうまでもありません。

そんな中で笑えるエピソードもありました。初めて飲みにいったスナックで、ママさんが僕の顔を見るなり、「見てますよ。これ、わたしの気持ち」といってビールを一本サービスしてくれたんです。僕はあらためて思いましたね。多くの人に知られるって、こういうことかと。ちょっと嬉しくもありました。やがて、どうも僕は間違われていると気づいたんです。『写楽考』に出ていたころ、僕はよく江守徹《えもりとおる》さんに間違えられたことがある。文学座にはお前に似た江守徹っていう役者がいるから、文学座にいかないほうがいいって芝居仲間からいわれてたくらいですから。

『北の家族』に出るようになってから間違えられることがなくなっていたんですが、店のママは、テレビより実物のほうがいいわねって。そんなアと僕も愛想よく答えたりして飲んでいたんですが、そのうち、「私、昔から文学座が好きなのよね」というのです。そして、なんと僕のやった（大石）内蔵助《くらのすけ》が素敵だったとおっしゃる。僕は忠臣蔵の内蔵助など一度もやったことはない。当時、NHKの大河ドラマ『元禄太平記《げんろくたいへいき》』で江守徹さんが大石内蔵助役をやってました。

これはてっきり江守徹さんと間違えてるなと思いましたよ。しかし、いまさら違いますともいい出せない。悪乗りして、時代劇と現代劇の違いはどうのこうのと声のトーンを江守徹さんに合わせて落として、演じ続けましたよ。お勘定のとき、払おうとすると、「いいわよ、大好きな内蔵助さんからいただくわけにいかないわ」といって払わせてくれない。

仕方ないので江守徹さんとしてご馳走になりました。ごめんなさい江守さん。

＊

テレビが我が家に初めてきたときのお話をしましょう。テレビを初めて見たのは、小学校三年生くらいのときかな。僕たちの住んでいる土地でテレビのあるのは箱崎《はこざき》って地主の家で、高いアンテナをたててね。「箱崎さんちにテレビジョンが入ったんだってよ」ともう大評判でした。

僕らは大相撲を見たくて、五、六人で地主の家にいって、「箱崎さん、テレビジョン見せてください」ていうの。広い庭のある家でね。ジイサマと父ちゃんがいるんですが、僕たちは廊下に正座してテレビを見るんです。時間がたつと足がしびれて痛くなる。でも、箱崎さんちは躾《しつけ》がきびしいので足をくずせない。相撲中継が終わると、箱崎さんちの息子のSちゃん、僕らより一級上の子なんですが、彼が「相撲やっか」という。みんな「ハイッ」て返事して、庭で相撲をとるんですよ。

当時は福島県出身の信夫山《しのぶ》がいましたね。ほかに三根山《みつね》とか松登《まつのぼり》なんて個性的な力士がいました。もう気分はさっきまで見てた大相撲の力士気取り。Sちゃんは一級上とはいっても虚弱体質の子でね、僕らが本気をだせばみんな勝てる。でも、テレビを見せてもらってるから、子供心にも力を抜くってことをもうすでに知ってたんだね。相手は地主だし、こっちには小作の子もいたし。だから勝てると思って土俵際に寄っていっても、最後は〝うっちゃり〟で、Sちゃんの勝ち！　Sちゃんは、僕らが手を抜いてたことを、わかっていたかどうか。多分、自力で勝ったと思ってたんでしょうね。じゃないと、毎回相撲などとれませんからね。今思い返すと、良いことをしたのかどうか、わかりません。

我が家にテレビがきたのは小学校六年のときでした。養父が無理して買ったんですよ。あのときは、「俺んちにテレビがきたよオ」なんて学校でいっちゃうほど嬉しかったね。そのころ、郡山《こおりやま》の田舎ではテレビがある家ってのが、自慢になるんですね。箱崎さんちほどじゃなかったけど、ウチにも三人くらいテレビを見に来るヤツがいました。うちは神社の境内にあったし、おおっぴらに相撲ができる。今度はわざと負ける必要もないので、堂々と勝負しましたよ。

テレビでは『ハイウェイ・パトロール』とか『ローハイド』とかアメリカ製のドラマをよく見ましたね。テレビを見ないときは画面に緞帳《どんちょう》のような厚い布をかぶせておくんです。学校から急いで帰ってスイッチをつける。緞帳の幕をおもむろにあけて、テスト・パターンをずっと見てたりもしてました。

初めてテレビが家にきたときの感激って、ある年齢より下の人たちにはわからないかもしれないけど、大変なものです。よく盆と正月が一緒にきたなんていいますが、まさにアレです。あの感激は未だに忘れられないなア。だから、初めてテレビドラマに出たときは感慨深いものがありましたよ。初めて書いた脚本がドラマ化されたとき、その脚本家の家族全員がかしこまって拝聴したなんてこと、その後聞かされましたけど、わかる気がします。

それだけテレビが力をもっていたんですね。

＊

『北の家族』のあと、プロデューサーの竹内日出男さんが、次の『新・坊っちゃん』のときも声をかけてくれて、山嵐をやらせてもらうんです。これは市川森一《いちかわしんいち》さんの脚本で、夏目漱石《なつめそうせき》の有名な小説『坊っちゃん』を下敷きにしてます。「新」がつくくらいだから、新しい解釈の群像ドラマです。

　当時、名作を妙にいじるな、みたいな批判をいただいているという話を聞きましたね。でも、主人公の坊っちゃん役の柴俊夫《しばとしお》をはじめ僕たち若手の出演者は、「坊っちゃんの裏側を読めば、こうなんだよ」などといって現場に出てました。ミーティングのときも、赤シャツが長州藩《ちょうしゅうはん》士族で、山嵐は会津《あいづ》藩《はん》士族で、犬猿の仲であるはずなんだよ、なんてことからはじまって喧々《けんけん》囂々《ごうごう》、いいたいことをいい合って面白かったですよ。

「（この作は）テレビドラマの新しい領域を切り開いた」と、市川さんから聞いていました。圧力がいろいろあったようですが、市川さんはそれを断固はね返した。だからこそ、新しい表現ができたんだと思います。われわれも〝新しいものを作っていく〟といった空気のなか、いろんな思いやアイディアを率直にぶつけあいました。

　あのころは、早坂暁《はやさかあきら》さんの諷刺時代劇『天下《てんか》御《ご》免《めん》』とかそれまでの〝表現の型〟を壊すような意欲的な実験作がいくつも作られてましたね。

　こんなこともありました。市川さんが遅筆なため、別の脚本家をたてるという話があったとき、僭越ながら僕が制作側に「市川さんでぜひやらせて欲しい」って直訴したんです。じっさいチームワークもすごくいいし、われわれ俳優陣も原稿がいくら遅くても頑張るからって力説しました。

こっちの熱意が通じたのか、制作側も受けいれてくれました。なにしろ僕の『写楽考』を評価してテレビ小説に引っ張ってくれた竹内プロデューサーですから、そんなことができたんでしょうね。ただ、市川さんで行くと決まってからも、なかなか次の台本ができてこない。われわれ役者たちは居酒屋で飲みながらアイディアを出し合ったりしてました。

一方、市川さんは拉致《らち》されてホテルに軟禁状態。でも、制作側の〝見張り〟の隙をみてホテルを抜け出して、われわれの所に飲みに来るんですよ。そこでまたみんな意見をだしたりしてガヤガヤやって、青春の楽しいドラマをみんなで作ってるなあって思いがありましたね。みんな若かったし、良い意味の「少年」「青年」の客気《かっき》があったのかなア。

当時とくらべるのもアレですが、今はテレビが「大人」になりすぎてるんじゃないかと思うこともあります。テレビドラマは、もともとアマチュアが集まって作ってたようなところがあって、手作りの良さや温もりがありました。今は機材も進歩し、作り方が変わってきています。ま、時代の流れかもしれませんが、あのころの「一緒に作っている」という熱気は、今も大事だと思いますね。

＊

テレビって、いつどこで誰が見ているかわかりません。番組によっては一〇〇〇万人以上が見てるワケですから、怖いようでもあり、嬉しいようでもあります。その後、僕は民放からもお呼びがかかるんですが、これには大先輩の森繁久彌《もりしげひさや》さんの存在があります。

森繁さんが『新・坊っちゃん』などNHKのドラマに出ていた僕の芝居を見ててくださって、「あいつは面白いなあ。僕の番組に呼びなさい」といってくださったと聞いてます。

それで出演したのがTBSの『三男三女婿一匹』。この番組で初めて森繁さんと絡《から》むんですが、ほんとにすごい勉強になりました。森繁さんはとにかくアドリブが多い。僕のような新人が来ると、いじるのが楽しいんでしょうね。もう縦横無尽《じゅうおうむじん》にアドリブをくりだし、こっちをなんかこうお手玉のように操《あやつ》るんですよ。僕はあの番組で、お手玉としての仕事をやったんじゃないかと思ってます。

森繁さんは本番でもまず台本の台詞どおりにはいってくれない。「お前、誰かに似てるっていわれないか」って突然いうんです。本番ですよ。台本には、そんな台詞、どこにもない。「あ、俺ですか。たまに郷ひろみに似てるっていわれますけど」というと、森繁さん、ぷっと噴きながら、「郷ひろみのどこに似てるんだよ」って返してくる。そこで詰まっちゃあダメなんです。当意即妙にパッパッと打ち返すことが役者としての資質なんだと、おっしゃりたいようでした。それで、お手玉になりきれない人は段々とはずされていくんです。青年座の養成所時代に、そういう稽古もしてたような気がします。で、僕はまあ対応はできたんで、〝合格点〟をつけられたのかなあと思っています。

森繁さんくらいになると言葉自体の重みが違うんですよ。風格というか、とにかく味がある。いやあ、いいなあと思いながら、うっとり対してましたよ。

「あなたねえ……」と森繁さんが喋るだけで、「あ、森繁だ！　森繁が喋ってる！」みたいな感じがあるじゃないですか。

森繁さんに限っては、アドリブもそのまんまオンエアされます。そのころは、絶対的な力を持ってましたから。ディレクターなんか、森繁さんのアドリブについて、「はい、そのまんま、いただきます！」というだけ。面白いから誰も文句をいえない。即興で落語家がつくる三題噺《さんだいばなし》と同じです。

僕が即興で歌を作っちゃうのも、森繁さんの薫陶《くんとう》よろしく、即興の技というか思いというか、それを直に伝授されたことも影響されてます。森繁さんの域に達するのは死ぬまで無理かもしれませんが、限りなく近づきたいですね。

＊

連ドラに何本かレギュラー出演した結果、テレビドラマが僕の中で太い柱の一本になってきたんですね。あいつはお茶の間向きだと思われたのかどうか、いろいろと出演依頼をいただきました。

たとえば、ＴＢＳの連ドラ『いごこち満点』（一九七六年作）。これは下宿屋に住む大学五年生の役で、司法試験にチャレンジするものの失敗ばかりする青年の役です。他にもＮＨＫの『その人はいま』や『振り向くな鶴吉』等々。

半年間続く時代劇の連ドラ『風の隼人《はやと》』（市川森一脚本）にも出ました。幕末の薩摩《さつま》藩《はん》のお家騒動を素材にした作品で、原作は直木賞で有名な直木三十五の『南国太平記』です。僕の役は薩摩藩主、島津斉彬《しまづなりあきら》のお庭番として活躍する益満休之助《ますみつきゅうのすけ》です。同じころ、NETの新番組の『特捜最前線』にレギュラー出演もしました。NETは今のテレビ朝日のことです。昔はそういう名前でした。

すでに何十年か続いた『特別機動捜査隊』という東映制作の看板番組があったんですよ。それが終わって、別のシリーズを二谷英明《にたにひであき》さんのチーフ役でやることになったんです。最初の刑事陣に、大滝秀治《おおたきひでじ》さんと僕の新劇関係者が入ってたんですね。

僕は自分が「新劇関係者」という意識は薄くて、とにかく「面白い演技」を見せることを心がけてました。青年座の先輩の台さんの〝遺志〟を頭の片隅においてやってたと記憶しています。刑事ものは初めての経験だし、楽しんでやってたんですが、シリーズを長く続けていると、どうしてもパターン化してきますね。人気番組『太陽にほえろ!』では、レギュラー出演の刑事でもたとえばショーケン（萩原健一《はぎわらけんいち》）みたいにかっこよく殉職《じゅんしょく》したりして、それが評判になる。でも、『特捜』では刑事たちがなかなか死なないんです。朝から晩まで、刑事物漬けです。

当時、『ハッスル銀座』とか、他局のスタジオドラマにもレギュラーで出たりしているので、ロケなどで時間がのびると大変です。『特捜』の衣装を着てドーランを塗ったまま、ホームドラマの収録スタジオに駆け付けたこともあります。その上、収録が終われば、ちょっと一杯からはじめて、例によってハシゴ酒です。忙しいこともありましたが、『特捜』は正直いって1クールで飽きちゃって、大滝さんとこんな会話をしてたこと思い出します。朝顔を合わせると、大滝さん、「西やん、やめたいねぇ」って。「おはようございます、やめたいですねぇ」「今日も張り込みですか、うわあ、やめたいねぇ」ばっかりいってたこともあります。

『太陽にほえろ！』みたいに殉職しないのかなと思っていたところ、プロデューサーがようやく、「西田さん、卒業していただく回が来ました。栄転です」と。

え～、栄転でやめるの？　〝かっこ悪りぃ〟と思ったりしました。時代の空気もありましたが、ドロップアウトしたり殉職したりするほうがカッコよく見えたんですね。

＊

テレビをメイン舞台にしてから、もっとも多忙をきわめたのはＮＨＫの大河ドラマ『花《か》神《しん》』（司馬《しば》遼太郎《りょうたろう》原作・大野《おおの》靖子《やすこ》脚本・中村梅之《なかむらうめの》助《すけ》主演）で山県有朋《やまがたありとも》役に出ていたころですかね。昭和五二年ですか。大村益次《おおむらますじ》郎《ろう》の生涯を描いたものです。益次郎は長州藩きっての軍事の天才で、周《す》防《おう》の医師から討幕の司令官になり、明治維新を成功に導いた立役者の一人です。

明治維新後、近代日本の軍制の基礎を築いた人ですけど、大河ドラマとしては比較的地味で視聴率もそれほど高くはなかった。でも、専門家の間では大変評価の高いドラマと聞いています。

山県有朋は大村益次郎が維新後、殺害されたあと、めきめき頭角をあらわし、日本帝国陸軍の基盤をつくった人物で、「悪役」という印象が強いお方ですね。

あのときはレギュラーものが六本、それにラジオの連続ものもあって、睡眠時間は一日平均四時間くらい。まさに殺人的スケジュールでした。山県有朋をやったときは、故郷・福島の友人、知人から、「お前、なんで会津の敵、長州人の役なんか引き受けるんだ。山県有朋のために会津はどれほどひどい目にあったか」などとおしかりを受けました。

幕末、福島県の会津藩主の松平容保《まつだいらかたもり》は京都で禁裏《きんり》守護《しゅご》代《だい》として新選組を統括する立場にいて、勤王の志士といわれた長州藩士をかなりやっつけてます。その反動で戊辰《ぼしん》戦争では、会津藩は薩長の主導する「官軍」に徹底的にやられましたからね。やられたほうは、なかなか記憶から消せないんですね。

現在、テレビドラマは「刑事もの」と「医者もの」「弁護士もの」など、キャリアや特別の資格をもった人物を主人公にしたものが多いですが、当時はホームドラマが主流でした。大家族やお風呂屋さんや、商売をやっている家が舞台になり、テレビを見ている視聴者と等身大の人物の哀歓が基本的素材でしたね。ですから、出演者、スタッフ間のチームワークがすごく大事なんです。リハーサルも入念にやったし、顔合わせや打ち上げも、今よりずっと濃いものでした。「打ち上げ男」の異名をいただいている僕など、いってみれば「顔合わせ」や「打ち上げ」もメイン舞台なんです。僕は特に目立とうと思ったわけじゃないんですが、〝特技〟を披露させていただきましたよ。一例として――

山田五十鈴《やまだいすず》さんや山岡久乃《やまおかひさの》さん、梶芽衣子《かじめいこ》さん、山城新伍《やましろしんご》さんなどと一緒に出演した『いごこち満点』（TBS）という連ドラがありました。確か収録がはじまる前のパーティであったか、僕は即興に〝いごこちのバラード〟を歌ったんです。みなさんのノリがよかったので、僕の癖《くせ》がでて、共演の梶さんを見つけると〝芽衣子のバラード〟に変更してショーマンぶりを発揮しました。

サラリーマンだったら「宴会男」とでも呼ばれるんでしょうね。その後、僕はNHKの『紅白歌合戦』に出るんですけど、じつは音譜を読めないんです。読めないかわりに、すぐメロディを覚えて即興で歌が出てくるんです。これはやっぱり〝特技〟といっていいかな。照れくさい台詞なんかもメロディにのせるとすらすら出るんですよ。下手に音譜が読めないから、即席の歌が生まれるのかもしれません。

ついでながら、テレビのホームドラマについて、一言いわせていただくと——

役者として大事なのは台本にある台詞の行間で何をいうか。何を表現するかですね。ホームドラマって、俳優が〝地〟で演じても通用することがあるんです。ですから俳優のナマ身の生活感覚をスタジオの中にまで持ち込み、ドラマの中で日常生活ができたらいいんじゃないか。そう思います。共演者との演技のバランスとか、その場の空気を冷静に見つめた上でね。

僕の場合、ドラマについては、やはり森繁さんですね。台詞に対する考え方は森繁さんに直に教わったものが大きい。台詞って台本には文字で書かれてますけど、文章ではない、音だってこと。あらためて知らされました。

重要なのは、見る人にいかに心地良くひびかせるか、なんですよ。だから台本から飛躍することもある。その飛躍の仕方に役者の命がかかっているといったらいいかな。ホームドラマって〝飯食いドラマ〟なんていわれて軽薄にとらえられる面もありますが、生身の役者の人間がモロにでちゃうので意外とむずかしいんですよ。家庭とか家族については、みんな知ってる、わかってるんで、簡単にできるといえばいえるんですが、ちょっとした動きや台詞のなかに味わいや深みをだすとなると、簡単じゃない。

舞台からテレビに大きく軸足をうつしてからも、西田敏行という男は変わらないと思っています。自分は変わらなくても、テレビに出続けると、まわりの目が変わりますね。

昔の映画スターというと、石原裕次郎《いしはらゆうじろう》さんや高倉健《たかくらけん》さんをはじめ、とにかくカッコいいし、仰ぎ見るような存在です。どこから見ても「スター然」としています。一方、お茶の間で見るテレビでは、主役といっても庶民的な風貌の人が多くなってきています。独得の味があるかどうかがポイントなんでしょうね。

そのタイプの大先輩に渥美清《あつみきよし》さんがいらっしゃいます。渥美さんはひところテレビドラマに出てましたが、ただあくまで映画の方です。

自分でいうのもアレですが、テレビドラマでは、僕などが「アンチハンサム系」のハシリかも知れません。一時、僕は「カバ大将」って愛称で呼ばれてたんですよ。カッコよさの代表であった加山雄三《かやまゆうぞう》さんが映画「若大将シリーズ」で活躍してたころのことです。

カッコ悪さの代表として、カバに似てるというんで、「カバ大将」。どなたがおつけになったか知りませんが、よくぞつけたと思います。友人の武田鉄矢《たけだてつや》なんかもその系統でしょうけど、共通点は短足胴長、そして田舎っぽい。どこにでもいる庶民の顔です。俳優の好感度調査がはじまったころで、昔のハンサム系の「スター」にかわって〝アンチ・ハンサム〟タイプが上位に選ばれるようになったんです。ただし、当時（一九八〇年代）は男子に限ります。女性は吉《よし》永小百合《ながさゆり》さんを筆頭に美女が高感度調査の上位をしめてました。

人気がでるのはありがたいことですが、殺人的な猛烈なスケジュールであったため、一時、声が出なくなることがありました。昭和五二年七月、『写楽考』を新宿紀伊國屋《しんじゅくきのくにや》ホールで再演したときです。

テレビのレギュラーを六本もかかえて、合間に稽古をして舞台をこなしたのですが、無事公演を終えたとたん咽喉に痛みをおぼえて、まともに声が出ない。無理に出そうとすると、痰《たん》が喉《のど》にひっかかる感じがしてゼイゼイする。それまで、マネージャーに、オレは貧乏人向きにできていて頑強無比、医者に塩まかれるくらい病気知らずなんだ、なんて啖呵《たんか》をきってたんですが、一日休んでもしゃがれ声がなおらない。で、耳鼻咽喉科の専門医に診てもらいました。手術を要するポリープはなかったんですが、咽喉が酷使のため赤くただれていて、もう限界にきている、といわれました。声帯も筋肉と同じことで適当に休ませないと、声が出なくなるんですね。

原因はオーバーワークでした。医者からこういわれました。「西田さんの場合、休みをとるのはむずかしいだろうけど、台詞以外はなるべく喋らないように。煙草《たばこ》はきわめて有害。酒はそれ自体悪くないが、酔うと大声を出すことになるから控《ひか》えること」

とりあえず最低一週間無言をすすめられたんですが、番組に穴をあけるわけにはいかない。テレビではマイクがあるし小さな声でもいいのでは、といわれました。でも、もって生まれた〝地声〟だし、下手に声を小さくしたら西田敏行が西田敏行でなくなる。そんなふうに粋《いき》がってましたね。

ラジオの『ハッスル銀座』では友人のマッツ（松崎《まつざき》しげる）と一緒にプレスリーの歌をまじえたバラエティショーをやってたし、気をぬけない。舞台で声が出にくくなると、「テレビに出すぎだ」なんていわれるし、力を抜けない。僕なりに力を抜かずに喉を休め休めして、この危機を乗り越えましたが、若かったからできた芸当ですね。

第五章　モロに〝地〟を出して大ブレーク

これまで数えきれないくらいいろんなドラマに出てますけど、僕自身の〝地〟をそのまま出せたのは、日本テレビの連ドラ『池中玄太《いけなかげんた》80キロ』、これにつきますね。

本当に自由奔放《じゆうほんぽう》にやらせてもらいました。いってみれば「西田敏行」そのまんまでスタジオに来てくださいという感じ。それでスタジオに入ると、「思ったように動いてみてください。それをわれわれは中継してテレビカメラでとらえますから」といったような作りでした。

番組がはじまるときから、制作側からそういわれて、それで、まあそのとおりに自然体でやったんですよ。役作りなんて考えてなくて、まさに地のまんま。「西田敏行」を全面的に出しました。

テレビって隠そうとしても地肌がモロに出てしまうものなんですが、あれはもう〝地肌のみ〟でやらせてもらった作品です。滅多にあるもんじゃないし、本当に幸運でした。演出の石《いし》橋冠《ばしかん》さんと出会って、僕の陽の部分、明るい部分を、フィーチャーしたいといわれたんですね。ご覧になった方も多いと思いますが、こんな話です。僕の演じる通信社のカメラマンが、三人の娘をもった女性に恋をして結婚したものの、不幸にも女性は病死。残された血のつながらない三人娘を、僕の扮《ふん》する池中玄太が、自分の娘として育てていく。その中で起きるいろんな葛藤や問題を描いたものです。

スタッフとの話し合いで、玄太の人物には「西田敏行」つまり素《す》の僕をそのままで出してみようと。いってみれば精神的ストリップをしてみようということです。制作サイドは、まだ「新人」といっていいこの「西田敏行」を、そこまで信頼して賭けてくれている。そう思うと、大感激で胸が熱くなりましたよ。

はたして僕の主演で視聴者が見てくれるだろうか、最初は不安でした。そのうち、あれこれ悩んでも仕方ない、ダメでもともと、と開き直ったのです。後で聞いたのですが、日本テレビ局内でも新人の僕を主役として、しかも〝地〟を出すというドラマ作りについて、論議をよんだようです。最初二六本の予定が半分の一三本に削《けず》られたのも、そんな不安があったからじゃないですかね。もちろん僕のスケジュールの都合もありましたが、「西田では冒険じゃないのか」という声もあったやに聞いてます。

でも、平均視聴率が二五パーセントをとり大成功。数字は強いです。翌年四月からのパートⅡは二一回の放送となりました。現場は熱かったですよ。タイトルを決めるとき、「汗かき玄太」「頑張れ玄太」とか、いろんな案がでたんですが、今ひとつピンとこない。そんなとき、石橋さんに体重を聞かれたんです。「八〇キロ」と答えたら、「それじゃ池中玄太八〇キロはどうか」ということになり、その場で決まったんです。

なんか恥ずかしいやら嬉《うれ》しいやら。ワクワクしましたね。最初からあてててやるぞとかヒットさせようとか、そういう気持ちはスタッフも役者もなかったんです。とにかく良い作品、面白い作品を作りたい。その思いが強かったですね。

おかげで、〝俳優・西田敏行〟を広く認識してもらえたし、僕の役者人生のなかでも画期的な出来事でした。でも、世の中、良いことずくめなんてありえません。あまりに僕の〝地〟を出したもんだから、視聴者のなかで池中玄太と西田敏行がイコールになってしまい、池中玄太も西田敏行も下手な生き方を許されなくなるんです。玄太は玄太らしく、それがそのまんま「西田敏行」にはねかえって、西田は西田らしく、かつ玄太らしくするってことかな。二つのキャラというか人間像のあいだにたって、僕なりに苦しんだりしましたよ。

視聴率がよかったのでパートⅡをやろうということになったとき、初め僕は反対しました。パートⅠが終わったところで、スタッフも役者も全部、もちろん玄太も西田敏行もみんな燃焼しつくしたって気持ちでしたし、「いいんじゃない、これで。惜しまれるとこで終わって」そういう気持ちだったんです。でも、制作や演出と議論して話をいろいろと詰めていくうち、なんかこう確信みたいなものが見えてきたんです。

多くの視聴者が期待しているといわれ、具体的なストーリー展開などをしめされて、「ぜひ」と頼まれると、それじゃ、やってみるかという気になりました。人生意気に感ずって気持ちもあったかな。僕としてはパートⅡでおしまいと思ってました。ところが、これも高い視聴率をとるんです。するとさらにシリーズとして続けたいという話になってくる。嬉しいことですが、戸惑いもありましたよ。街を歩いていても、喫茶店や飲み屋などどこへいっても、「玄太！」って声がかかる。僕はもう池中玄太そのもの。西田敏行という色が、「池中玄太」という色に染まっていく。ちょっと複雑な気分にもなりましたね。

考えた末このように決断しました。僕の尊敬している渥美清《あつみきよし》さんが〝寅《とら》さん〟っていわれるくらい、「寅さん」の役と本人がダブル・イメージになっている。それは役者としてすごいことではないか。素晴らしいことではないか。渥美さんの寅さんみたいに、誰からも知られ、誰からも愛される。そのくらいの役者にならなくちゃダメではないのかと。

自分を納得させ、スペシャル編をへてパートⅢもやりました。ただ、何人もの僕のファンの方から、「役の上の池中玄太が好きだったのか、西田敏行のファンだったのか、はっきりしない」といわれました。無理もないです、僕自身がどっちだかわからないくらいなんですから。

芝居をすすめていく中で、玄太だったらこうやるだろうとか、敏ちゃんだったらこうだろうかっていうのが沢山あるわけです。ディレクターの石橋冠さんは僕のことを「敏ちゃん」って呼ぶんですが、よくこういうんです。「こういうときになったら、敏ちゃんだったらどうする？」「そうね、オレだったら……こうする」というようなことが、ホン（脚本）に反映されるというか、投影されていくんです。ベテランの松木ひろしさんがメインの脚本家で、一部、松原敏春《まつばらとしはる》さんも書きましたけど、お二人ともコメディを書かせたら、当時トップクラスの書き手で、それも幸運でしたね。

*

ドラマの設定と少し違いますが、僕には女房と小さい二人の娘がいて、もちろん実の娘ですが、なんだか雰囲気が我が家と池中玄太の家とかなりの程度かさなり合ってました。

ただ、じっさいに自分の〝地〟を生で出そうとすると、これがそう簡単じゃない。自分のことは自分が一番わかっているつもりでいて、じつはいろいろわからないことも多くて、考えこんだりしましたね。

たとえば、じっさいに自分の娘が大きくなってボーイフレンドができたら、僕はどうでるか。まず娘の相手をこの目で確かめますね。相手の男は娘を本当に愛しているか、仕事に熱があるか、男らしいか。少しでもいいから僕を負かしてくれるところのある男かどうか。

よくよく考えると、いろんなシーンがつぎつぎ浮かんできて、どれがよいのか、わからなくなることもありました。現実と虚構のあいだを、行ったり来たりして作品を作りあげるって、簡単そうに見えて、じつは簡単じゃない。このドラマを通して、役者として、人間としていろいろと学びましたよ。

たまの休みは、まだ幼かった娘たちと一所懸命に遊びました。ほとんどの父親がそうでしょうが、娘は可愛いもんです。それこそ目の中に入れても痛くないくらいに。僕の場合、そこに「子《こ》煩悩《ぼんのう》」っていう「煩悩」が加わります。とにかく「親バカ」。娘が欲しいという玩具とかを、そうかといってすぐ買ってしまい、女房に「欲しいと思ったらすぐ手に入ると思うような子にしたくないから、やめて」って、よく怒られました。

当時、娘の梨紗《りさ》と沙耶歌《さやか》の名前をいれて、『パパのたからもの』という歌を作ったりしました。

♪パパのたからものは
リサにサヤカにマーマ

風呂に入ったときや寝る前に歌ってやるんです。リサが歌うと、『リサのたからものはリサとリサとリーサ』になっちゃうんですよ。こんな雰囲気もドラマに反映させたいと思いましたね。どんな仕事でもオヤジが一所懸命にやってれば、やがて子供はオヤジを認める。このドラマを通してそんなメッセージを僕なりに見てくださる方に訴えたい。そんな気持ちで熱っぽく演じてました。

ドラマのなかの「家族」にいれこむあまり、こんなこともありました。パートⅡで玄太の再婚相手は坂口良子《さかぐちりょうこ》ちゃんになるんだけど、彼女が他のドラマで他の俳優さんとラブシーンをやったりベッドシーンをやったりすると、直ちにチャンネルを変えましたね。役の上とはいえ、〝オレの女房〟なんだから、そんな絡みは見たくない。

役と地がごっちゃになって、そういう気持ちになるんです。これはもう男の嫉妬《しっと》心ですね。それくらい僕としては、僕の妻役の良子ちゃんに接近してたんです、気持ちとしては、ですよ。良子ちゃんの女優としての生き方には口をはさめないんだけど、心情的にはそうなるくらい『池中玄太』の世界に入りこんじゃってるんですね。

共演した三浦洋一《みうらよういち》君や長門裕之《ながとひろゆき》さん、それに良子ちゃんも亡くなってしまいましたけど。番組のあと、みんなで集まると、あのドラマのまんまなの。「いやあ久しぶりだねえ」などといってるうちに、番組のなかの時間がふっともどってきて、みんなドラマのなかの位置関係になってる。かわす会話も動きも癖も、ドラマだか現実だかわからなくなるくらいでしたね。

長門さんの役は実在の人物がモデルなんです。共同通信社の写真部の部長です。あのドラマの舞台そのものが、共同通信みたいな通信会社がモデルになってるんです。番組がはじまる前に共同通信の部長に会いました。みんながその部長をナンコウ、ナンコウって呼んでいる。それを、そのまんまドラマの役名としていただいちゃいました。

部長のキャラクターまでいただきです。ドラマの中で出したようなニオイをもってる方で、派手な喧嘩《けんか》はしないにしても、現場や仕事場をとっても大事にする人でね。部下を愛おしく思っていて、可愛がる。で、部下の頭をぴたんとはたくんだけど、はたかれた部下のほうも、なんか嬉しそうにしてる。

そういう人間関係があった上で、ああいうものを投影させたいなと思ったんです。やっぱり人間きれいごとだけで物事すすんでいかないですからね。部下だって上役に怒鳴り散らすこともある。大声で怒鳴るのをためしにやってみたら、これがものすごく反響がいい。で、一話に一回は大喧嘩のシーンを作ろう、いや、作らなきゃいけないってことになって、なんだかひとつのノルマ・システムみたいになってきたんです。だから収録のとき、

「今日はどのへんで喧嘩しようかねエ」なんてことになっていく。

稽古《けいこ》のときから緊張してましたよ。当時のドラマは、今と違って稽古に時間をとってましたから、台本は普通にフラットに書いてあるんですけど、稽古で変わっていく——。

「ここで喧嘩しちゃおうかな、いや、もうちょっとあとのカラミのとこで喧嘩があったらメリハリがつくかな。それじゃそっちのほうでやろう」とか僕がいうと、現場がその流れになっていく。ほんとに「西田敏行」のために作られたようなユニークなドラマでした。

作り手としての緊張と楽しみがあって、まわりのみんなも、西田がいつ、どこで、どんなふうに喧嘩を仕掛けるか待ってる。ほんとに役者冥利《みょうり》につきる仕事でした。

*

僕の実の娘も毎回このドラマを見てました。当時、上の娘は五、六歳ですけど、テレビの中の僕と三人の娘を見て、僕が外に別の家族をもっているのだと思いこんでたらしいんです。そして、ドラマの三人娘をどうやら自分たちの姉と考えているようで、ドラマで僕が娘を叱ると、娘は「どうして、パパ、あんなにおこったの」と心配顔で聞くんですよ。答えにつまりましたね。

こういう長く続くシリーズものって、倉本聰《くらもとそう》さんの『北の国から』が典型ですが、子役で出てた子たちがね、ドラマの役の上での成長もあるんだけど、じっさいの本人たちがどんどん成長していくんですよ。成長過程にある子たちだから、余計そういう部分がありました。

一番上の子供役の杉田《すぎた》かおるちゃんは別ですが、あとの小さな二人はオーディションで選んだんです。僕もオーディションの審査員の一人として参加して、次女のミクをやった子も、末っ子のヤコをやった子も、僕が票をいれた子なんです。それだけに愛着がある。僕はドラマであまり泣かないんですが、パートIが終わって打ち上げのとき、三人の娘が花束をもってきてくれました。「ありがとう」といって受け取り、お返しに三人の娘のホッペタにチューしたら、杉田かおるちゃんも、もちろん泣いてたけど、ミクをやった子が、「ヤダー離れたくなアい」って強く抱きついてくる。

あれにはまいったね。僕にも娘がいるけど、このドラマみたいに、いきなり知らない人に、「おとうさんですよ」なんていわれたらショックだろうなって思うの。

そんな子とドラマの役を通じて、ギクシャクしながらも本当にあったことみたいに次第に心が通い合ってくる。シリーズの終わりくらいになると、もう〝肉親〟と同じみたいになってたんですね。

僕自身、仕事が忙しくて自分の娘と顔を合わせる時間はあまりないんですが、役の上での父親とじっさいの父親の部分がオーバーラップする。玄太としていってた台詞《せりふ》を、そのまんま本当の娘にはね返してしまうなんてこともありました。逆にうちの娘にいってしまったことを、玄太としてドラマのなかでいったり。だからもう、本当に自分でも境目がわかんなくなっちゃってね。杉田かおるちゃん相手だと確かに女優さんと絡んでるって感じがしたけど、ミクとかヤコと絡んでると、なんだか自分の子供と絡んでるって気持ちになって、「離れたくなアい」と抱きつかれたときは、もう涙ボロボロです。

こんなこともありました。撮影の合間の照明の直しのときだったんだけど、ヤコが当時小学校一年でね、『池中玄太パートⅠ』が終わってパートⅡになってたかな。現実のヤコの家が引っ越して新しい学校にいった。ヤコが池中玄太に出てるのは、もう学校中に知れ渡っている。彼らはヤコとじつは友だちになりたいと思ってる。でも屈折したものがあるんでしょう、ここが面白いのですが、「その証拠にイジメてくる」ってヤコはいうの。そういう現実の学校での苦痛っていうか苦労をね、セットの中で話しているうちに、彼女泣くんですよ。

「そうか、イジメたヤツは、なんて名前だ」と僕はもう玄太になっている。「××くんとオ、えーと、それから……」聞いてるうち、僕はもらい泣きしちゃって、必死で泣いてるヤコを、「父」として、よしよしってだっこする。でも、ヤコは泣き止まない。するとフロワー・ディレクターがきて、ヤコに、「あれ、どうしたの？　どっか痛い？」なんていう。

「ちょっと待ってよ、今、撮影できる状態じゃないよオ」いいながら顔あげるとね、もう僕も涙ボロボロ。「ど、どうしたんですか」といわれたこともありました。

一週間たって撮影のあった日に、ヤコに聞きました。「学校で、どうだった、またいじめられたか」「ううん、今日はいじめられなかったよ」それ聞いてホッとしました。イジメっ子がいうには、「いじめないかわりに、こんど西田敏行と杉田かおるのサインもらってこいって」「よし、じゃあ、サイン書いたら、もういじめられないんだろうな」「わかんないけどね。でも、サインもらってあげたら、たぶんそんなにはいじめられないと思うの」

僕はヤコのためにサインを三〇枚くらい書いてあげましたよ。そしたら、イジメっ子ともわりと仲良くなったみたいです。どこまでが芝居で、どこまでが現実なのか、わからないくらい、池中玄太と西田敏行がかさなっていったんですね。最初にディレクターの石橋冠さんが「思ったままに動いてください。われわれがテレビカメラで中継してとらえますから」といった意味がよくわかりました。

嬉しい副産物もありました。パートⅡのときにつくった主題歌『もしもピアノが弾《ひ》けたなら』（阿《あ》久《く》悠《ゆう》作詞・坂田《さかた》晃一《こういち》作曲）が大ヒットして、ＮＨＫの『紅白歌合戦』に出場することになるんです。昔、松崎《まつざき》しげると六本木のカフェバーかなんかで、即興で歌を歌ったりしてたとき、「紅白にでるぞう」なんて酔って叫んでたこともありますけど、まさか現実になるなんて。人生わからないもんです。

じっさい、歌なんて特に誰かにならったこともないんですよ。養成所時代に音楽の時間はありましたけど、本格的なものじゃない。歌うこと自体は、子供のころから嫌いではなかったけど、歌手の歌と役者の歌は違いますからね。芝居の流れとして出てくる歌というふうにとらえると、すっと歌えるんです。

ところが、プロの歌手として、ステージで歌うとなると、ぶるぶる震えちゃうかもしれない。そんな気持ちで紅白の晴れ舞台に出ました。さいわい、あがらずに最後まで歌うことができましたが。西田敏行の〝地〟をモロに出してドラマが大ブレイク、おまけに『紅白歌合戦』に出るなんて、もしかして〝夢じゃないのか〟と思ったくらいです。

その後、年齢とともに体重が増えたもんで、一九九二年に放送された最後のスペシャル版では、タイトルも僕の体重に合わせて『池中玄太83キロ』となりました。

＊

テレビドラマに出たてのころ、僕の三〇代にあたりますが、楽しくやれた作品をもうひとつあげるとなると、やっぱり『西遊記』ですね。他のドラマと重なってスケジュール的には大変でしたけど、いろいろと楽しませていただきましたよ。

特に夏目《なつめ》雅子《まさこ》ちゃん。若くして亡くなったため、よけい鮮やかに思い出されるのかもしれませんが、『西遊記』は雅子ちゃんへの思い出と重なる番組です。なにしろ、僕ら男は人間じゃアなく、「化け物」ですからね。ご覧になった方も多いと思いますが、堺正章《さかいまさあき》さん演じる孫悟《そんご》空《くう》が中心の、お馴染《なじ》みの物語です。三蔵法師《さんぞうほうし》に女優さんをもってきたのが、とても斬新で、おっ、そこまでやるかと思いましたね。

制作発表の記者会見で雅子ちゃんと初めて会ったんです。もうほんとにきれいで清楚《せいそ》。いかにも「いいとこのお嬢さん」って感じでした。こっちは福島の出身だもんなあ。口きいてもらえっかなあ、と不安になったりもしました。出演者の挨拶で、まず堺正章さんが「私が猿をやる堺です」といった。見ていて、なるほどそういうトーンでいくんだなと。それで、のたまわりました。「私が豚の西田です」続いて岸部《きしべ》シローさんが、「私が河童《かっぱ》の岸部です」ときて、次は雅子ちゃん。彼女がどう自己紹介するか僕ら注目してました。そしたら彼女はにっこり笑って、

「私が坊主の夏目です」とたんに会場は大爆笑。可愛いし、おおらかだし、僕はいっぺんに彼女が好きになってしまいましたね。堺さんも岸部さんも同じです。

収録がはじまると、僕らへんな化け物みたいなお兄ちゃんが、スタジオでもロケ先でも、「雅子ちゃん、雅子ちゃん」といって、まとわりついたものです。磁力みたいなものが雅子ちゃんには備わってて、僕ら化け物はひきつけられる。日本テレビの二五周年記念番組でした。特撮はウルトラマンを製作していた円谷《つぶらや》プロのスタジオでやりました。メイクや特撮に時間をくうので、もう朝から晩まで撮影、撮影です。それに監督が一本ずつ替わるので、僕らは台本を三本くらい持って撮影に入る。同じセットでも、次のシーンになると、はい監督替わります、

はい次は××監督ですといった感じです。つながりがおかしいじゃないかといった混乱もありましたけど、楽しみながらやりましたね。

スタジオ撮影と御殿場《ごてんば》ロケと行ったり来たりです。なにしろ、夏目雅子ちゃんの一番元気で華やいでいたころですからね。一方、こっちは猿、豚、河童の化け物。それが清楚な「坊主」につきまとうんです。彼女をはさんで、みんなで食事したり、点滴をうったりもしました。

雅子ちゃんをはさんで川の字、といっても四本川ですけど、化け物が並んで点滴を打つんですよ。疲労回復のためです。これから夜の撮影のために点滴打ちましょう」と猿（堺正章）が医者を呼んでくれるんです。ブドウ糖の点滴です。みんな、誰が夏目雅子ちゃんの隣りで点滴を打つか、猿と豚と河童でもめるわけです。雅子ちゃんの隣りに横になれるのは二人しかいない。誰か一人外れるわけです。で、じゃんけんで決めるんですが、そうすると一番雅子ちゃんに惚《ほ》れている河童（岸部シロー）が、必ず勝つんですよ。あのときはほんと河童に腹がたちましたね。

『西遊記』のロケ地は、ほとんど静岡県の御殿場です。早朝、猿の堺さんが大きなキャンピングカーで現場にやってきます。そのキャンピングカーに、豚の僕、河童の岸部さん、坊主の雅子ちゃんが集合するんです。「猿、豚、河童、坊さん、四人ともそろったな？」「は〜い」お互い確認しあって出発です。楽しかったねえ。猿も豚も河童も坊主が可愛くて仕方ないの。坊主の雅子ちゃんが、「きょうね、おかしなことがあったのよ」なんていいだすと、「なに？　雅子ちゃん？」「聞かせて、聞かせて」「えっ、なになに？」なんて、雅子ちゃんのまわりを取り囲むんです。

テレビでは雅子ちゃんは清楚なイメージで「悟空！」なんて、おしとやかな声をだしているのに、僕たちと一緒のときは、明るく屈託のない話し方なんです。笑い方なんて、画面ともっとも逆イメージで、「ギャハアハハ」ですからね。それも大口開けて。それがこれっぽちのいやみも感じさせない。堺正章さんなどと「雅子ちゃんて、ほんとに天使みたいだなあ」と感嘆してましたね。

御殿場ロケのときは、いつもインターまで、お父さんが車で送ってきてました。娘が可愛くてしかたがないといった感じです。雅子ちゃんもお父さんに向かって、「バイバイ」と手を振って、キャンピングカーに向かって走ってくるんです。そのお父さんが亡くなったと聞いたのは、『西遊記』が終わって少したってからです。

傷心の雅子ちゃんに、やがて恋人ができて結婚しました。幸運を射止めたのは伊集院静《いじゅういんしずか》さん。今は作家として著名ですね。新婚時代の雅子ちゃんは、本当に幸せそうでした。知り合いの雑誌記者から聞いた話ですが、自宅に取材でうかがったときなど、雅子ちゃんはいつも気軽にあって答えてくれたそうです。「事務所を通してください」などとは決していわない。今、タレントの多くは、プライベートとパブリシティを懸命に区分けしようとしているように見えます。たとえば家族の話ひとつにしても、それが仕事のプラスになるようならマスコミに協力し、それ以外はすべて取材拒否。良い悪いは別にして雅子ちゃんとはまるで違う姿勢です。

「わざわざ自宅まで来てくださったのだから」「お話しして喜んでいただけるなら」どうぞ、というそうです。自分の立場をどのようにして守り、世間にどのように自分を見せていけば得か損か——そんなことにきゅうきゅうとしている女優さんが多い中で、「いいじゃないですか、そんなこと。自分は自分なんですから、素直に自然流にふるまっているのが、私には一番むいてる」と肩の力を抜いて生きていました。

坊主と猿と豚と河童が、つるみあってときに喧嘩《けんか》をしたり、泣いたり、笑ったりして、作品を作りあげる。あのころが、むしょうに懐《なつ》かしく思えます。ほんとに涙が出るくらい。

＊

三〇代で、もうひとつ印象に残る作品は、『港町純情シネマ』ですね。

僕の原点の「映画」にまつわる物語です。『新・坊っちゃん』のとき親しくさせていただいた市川森一《いちかわしんいち》さんの脚本で、僕の役は今にもつぶれそうな映画館の映写技師。漁師であったのが、父親の遺志をついで映写技師になるんです。夢見る男で想像力が豊かというのか、映画への思い入れが強いあまり、いつのまにか映画の主人公に同化して非日常の名画の空間を生きるんです。

ＴＢＳ系列の金曜ドラマの枠で、一九八〇年四月から七月まで計一三回放送されました。千葉県銚子《ちょうし》市にある映画館「港シネマ」がメイン舞台です。毎回、懐かしい名画や音楽や名場面が挿入《そうにゅう》されて、その名場面に僕の演じる猿田禄郎《さるたろくろう》が入ってしまい、名画の主人公になった気分になるが、さめてみれば……というユニークな設定です。

映画史に残る『シェーン』や『カサブランカ』『地獄の黙示録』『太陽がいっぱい』等々の名場面が毎回でてくるんです。それだけでも映画好きの僕にはこたられませんでしたね。父親が室田日出男《むろたひでお》さん、ほかに木の実《きのみ》ナナさん、北林谷栄《きたばやしたにえ》さん、岸部一徳《きしべいっとく》さん、そして友人の柴俊夫《しばとしお》君等々、多士済々《たしせいせい》でした。

映画館のもぎり嬢の役でキャンディーズの蘭《らん》ちゃんが出てるんです。彼女はある種のリアリティがありましたね。新宿のね、地下にある映画館なんかで、ガムをクチャクチャしながら、何考えてるんだかわからないモギリのお姉ちゃんていうでしょ。そんな感じをじつに自然に演じてました。

ああいう映画館をもう一度とりもどしたいですね。あとで触れますが、山田洋次《やまだようじ》監督作品の映画『虹をつかむ男』で、やはり〝映画の夢を追う〟映画館の支配人役をやらせていただきましたが。

テレビドラマで、いろいろな役をこなしてきて、いつも思っていたのは、「ドブのにおいを背負って生きているような役者でありたい」ということですね。河口にたまっていたゴミが、ふとそこから抜け出して、本流を流れはじめるというか……。

ですから、あのころ、僕は自分のことを〝ど役者〟といってました。とにかく、なんらかの臭いをぷんぷんさせているような役者でなくてはいけない。間もなく古希《こき》になろうとする今も、基本的に同じ考えです。

ただ、「西田流の臭い」とテレビドラマをどう共存させるかは、頭で考えるのとは違ってそう簡単ではなかったですね。企画の段階では〝今度は相当いけるかな〟と思うんですが、じっさいにできあがった画面には、毒性のない、人畜無害の柔和な人間ばかりが登場するケースや、視聴者全体に向かって〝丸っこくなれ、丸っこくなれ〟と呼びかけているみたいなドラマもありました。

おかしさと悲しみをひっくるめて複雑微妙なのが本当の人間なのに。「わかりやすく」が先行して、笑わせ役と泣かせ役の俳優が分担作業になって白黒がはっきりしたものになりがちです。勧善懲悪《かんぜんちょうあく》の時代劇はそれでいいのかもしれませんが。

どうしてもトンガッタ部分が削られてしまう。人間て矛盾の塊《かたまり》だし、白のなかに黒があったり、黒のなかに白があったり、多面性をためこんでるんですよね。ただ、テレビは子供からじいちゃん、ばあちゃんまで、みんなが見て楽しめるって前提があるもんですから、どうしても単純化されたものが多くなります。

最近はある年代、ある世代に特化した作品も多くはなってますけどね。そういう、ちょっとゆるい空気の中でも、僕なりにテレビドラマの俳優としてけっこう楽しんで仕事をしてきましたよ。ですから、出演したドラマは、全部といっていいくらい、それぞれ思い出深いんです。

それにしても、よくもこんなに膨大《ぼうだい》な作品で、毎度異なる人物を演じてきたもんだと、我が事ながら驚き、茫然《ぼうぜん》とするくらいです。

もっとも、『釣りバカ日誌』は、毎回「ハマちゃん」の僕と「スーさん」の三國連太郎《みくにれんたろう》さんのコンビで、毎度同じ人物をなんと二二作もずっと演じ続けてきましたが。

これも僕という人間が「矛盾の塊」であるってことの証明ですかね。

第六章　「愛妻」プラス「子煩悩」という生き方

　僕は恐妻家といわれているみたいですけど、どうなんですかね。一方で「愛妻家」にして「子煩悩《こぼんのう》」ともいわれています。ま、両方あたっているといっていいでしょう。

　まずは女房の寿子《としこ》との馴れそめをお話ししましょう。お互い「トシ」がつくので、まぎらわしいので、結婚したころから、いや、一緒に住んじゃったころからかな、僕は女房のこと「トシちゃん」といい、女房は僕を「トシ」と呼ぶようになってます。

　彼女、横浜市鶴見《よこはましつるみ》での『写楽考《しゃらくこう》』の公演のあと、友だちに誘《さそ》われて楽屋に訪ねてきたんです。その前に僕が豆腐屋に扮《ふん》した実験的な芝居を見て〝面白い芝居をする役者さん〟と思ったとのことです。青年座の養成所にいたことがあると聞いて話が弾みました。

　彼女は大分県別府《べっぷ》市の出身で地元の高校を卒業後、青山学院《あおやまがくいん》短大に入って、在学中は演劇部で活動してたんです。卒業後、ニッポン放送に入社したのですが、遅刻の常習犯で、結局一年で退社しちゃったんです。

　あとで知ったことですけど、彼女、僕みたいなタイプは、男性として〝あまりお話ししたくないタイプ〟であると思ったと。彼女の理想は今にも肺病になりそうなスリムなタイプで、具体的には石坂浩二《いしざかこうじ》さんや芥川也寸志《あくたがわやすし》先生。僕と真反対のタイプじゃないですか。ま、でも、『写楽考』の演技は素晴らしいと評価してくれたもんで、当然、僕も彼女に好感を抱きましたよ。それがきっかけで青年座の仲間もまじえて何度か新宿《しんじゅく》などで飲む機会がありました。

ところで、これは僕の記憶から薄れてるんですが、僕はNHKで人跡未踏のNG三六回って記録の持ち主なんですって。通行人に毛のはえたような役でたった一言いうだけ。なのに緊張していて、うまくいえない。理由がありました。我が愛妻のトシちゃんが、スタジオに見学にきてたんです。一緒になる前で、僕はプロポーズをしようと思いながら、まだいい出せなかったときです。それで、彼女にいいとこ見せようとカッコつけて、あがりっぱなしだったんですね。番組は『振り向くな鶴吉』であったか、よく覚えていません。図太いように見えて、けっこう純情っていうか、あがり性なんですよ。

『新婚さんいらっしゃい』みたいになっちゃいますけど……何度か会ううち次第にうちとけてきて、ある日、彼女を飲みに誘ったんです。そしたら、僕と二人で初めて一緒に飲んだにもかかわらず、彼女グデングデンに酔っ払ったんです。その酔い方がじつに豪快でして、それまでツーンとすました感じの女が突然、「オイ、西やん。飲んどるか」「ガタガタ先輩かぜ吹かすな、このやろう！」なんていいだす。酔っ払いには慣れてる僕としても、びっくりしましたよ。でも、その様子がまた妙におかしくてね、こりゃ近来マレに見る女子《おなご》だって感じがしちゃいました。満足に歩けるような状態じゃなかったもんですから、誘った手前タクシーで彼女のアパートまで送ることになるんです。ところが車の中で「気持ちわるい」っていいだして、車がとまる暇もなくガバーッです。いやあもう大変。運ちゃんには平謝り。
なんとか参宮橋《さんぐうばし》にある彼女のアパートにたどり着いたんですが、ドアをあけて二度びっくり。窓にカーテンが一枚もないんですよ。化粧品らしきものも何もない。女性の部屋独特の甘酸っぱい匂いなんてまるでなくて、もう完全に不精な男の一人暮らしの部屋って感じなんです。つんとすました彼女と、完全に男の部屋って感じの、彼女の二面性みたいなものに、僕はコロッと参ってしまったんです。

その後だったかな、新宿で例によって劇団の仲間五人くらいで遅くまで飲んでいて、終電がなくなってしまった。そのとき、彼女が〝みんな参宮橋の私のアパートにこない。ゴロ寝すればいいから〟って。みんな酔ってるし、そうしようということになって、彼女のアパートにいってごろ寝しました。

彼女の「二面性」に惚《ほ》れこんでましたから、翌日の夕方、僕は〝昨夜、パイプを忘れたから〟といって、彼女のアパートを一人で訪れたんです。〝忘れもの〟ってのがミソですね。彼女、僕を部屋にいれてくれました。距離をおいて明け方まで話し込みました。演劇論などを中心に。翌晩も午前二時ごろに僕はまた出かけていくんです。

「近くで仲間と飲んでいたんだけど、電車がなくなっちゃたので片隅でいいから横にならしてほしい」〝部屋の灯がついてたもんだから〟なんて理屈にならない理由をつけたのを今でも覚えてます。十日ほどの間に三、四回、〝ちょっと朝まで寝かせてくれ〟といったりして彼女のアパートを訪ねましたよ。毎度、演劇の話や仲間の話、さらにバカ話で朝まで語りあかして、朝日がさしこんでくると〝じゃあ、オレ帰るよ〟って出て行く。

四回目の訪問のころから、〝僕はいつもふられてばかりなんだ〟と彼女に〝謎〟をかけた、とこれは彼女が某芸能週刊誌に語っていることです。なんだか〝コメディ〟をやっている感じで、彼女のほうでも、まさか僕が彼女にゾッコンとは思っていなかったようなのですが、あんまり続くもんだから〝これは〟と思ったようですね。なにしろ彼女の好みと対極にある男なので、彼女のほうも僕を〝異性としての対象とすべき男〟と思わなかったのかなア。

でも、めげずに僕は通い続け、ついに彼女のネグラに転《ころ》がりこんだんです。こんな理由をつけて。「青年座はここからすぐ近く（歩いて一五分）だし、NHKに行くにも何かと便利だから。いいよね」って。知り合って一年くらいたってましたかね。僕のほうから〝正式に〟というのもヘンですけど同棲《どうせい》しようって申し込んだんです。遅くなって酔っ払って転がりこむのと、生活をともにするのとでは違いますからね。

僕としても、女性と同棲するというのは、自分の人生にとってもっともクライマックスな場面だと思ったので、いろいろ言葉をさがしました。映画や芝居で見て聞いた名台詞《せりふ》などを思い浮かべました。が、いざとなるとシドロモドロになって、

「トシちゃん、俺とお前は一緒に暮らさなくちゃおかしいんだよ」というのがやっとでした。

＊

はじめは、当時よくあった同棲、つまり共同生活ですね。一人では食えないけど二人なら食える、なんていわれた時代でした。二人とも貧乏だったんで、一緒にすめば家賃も半分ですむし、なにかと便利ですし。

そのときは、お互い正式に結婚する気はなかったんです。一人ぼっちでいるのは寂しいし、かといって結婚という形式を踏むのも厄介だし。形式にとらわれず、いつこわれるかもしれない同棲のほうが、かえって新鮮に感じられたんですね。僕も彼女もそう思ってました。

ところが一緒に暮らしはじめると、素《す》のまんまの人間が出ますからね、二人の気持ちに変化がおきて……それまで見えなかったものも見えてきて、それが嫌《いや》じゃあない。あ、これなら生涯一緒に暮らしても、お互い裏切ることもなく、うまくやっていけるんじゃないか……と思うようになるんです。

ただ、彼女〝私は女の子のすることは何もできねえ女でごぜいますだ〟という女でしょう。なんせ、トロロとショウガを間違えて買ってきた女ですからねえ。生活感がないんですよ。彼女自身が結婚なんてしなくていい、自由気ままにやっていこうと思ってたヒトですからね。

でも、僕の〝努力と熱意〟が実り、「正式に」同棲生活がはじまったんです。参宮橋から歩いて一〇分の六畳一間のアパートです。小さな台所とトイレはついているものの、お風呂もなければ電話もない。小型冷蔵庫の中は、いつもからっぽに限りなく近い状態。ときには二人の銭湯代さえ事欠くこともあって、僕は水道の水で体をふいてすませて、彼女を銭湯にやったこともありました。

よく僕は彼女に〝今に冷蔵庫の中をおいしいものでいっぱいにしてあげるからネ〟といってましたが、それは夢のまた夢のようでした。欲のない夢でしょう？　でも、逆にそんなふうに目標が低かったから、貧乏にめげるなんてことがなかったんじゃないかな。五キロ入りの米袋がカラになると、芝居仲間の家に〝もらいメシ〟に二人して出かけるんです。所持金ゼロで仲間が飲んでる店にまぎれ込んでも、誰も文句をいわない。演劇青年はほとんどみんな貧乏でしたし、それでかえって仲がよくなるんです。

「オレたち、適当に芝居をやれて、仲間と飲めて。コレって理想的な生活だなあ」なんて話し合ってました。〝もらいメシ〟のときでも、仲間と飲むときでも、僕はその場を面白くさせようって空気を作ってしまうところがあるんです。一種の〝宴会男〟といっていいかもしれませんね。

＊

寿子はニッポン放送をやめちゃってるし、こっちは青年座の下っ端の役者です。知り合って三年ほどはまったく仕事がない状態で、バイトで生計を補《おぎな》うしかない。ま、いってみれば『神《かん》田川《だがわ》』の生活、『赤ちょうちん』の生活でしたね。当時、『神田川』って歌がはやってたんです。神田川沿いの安アパートに住む貧乏暮らしの若い男女の哀歓を描いた歌で、大ヒットしてました。なんとなくわびしく切ないけど、あったかくて泣ける、そんな歌です。

青年座の定期公演の舞台には出てましたから、役者としての生活はしていたんですけど、ギャラは安いですからね。テレビなんかに出るチャンスはあんまりないし、収入源というものがほとんどなかった。彼女が渋谷《しぶや》の公演通りにある「時間割」って喫茶店でバイトをやったりして、なんとか生活費を稼いでました。

彼女も芝居やりたかったもんだから。まあ、おんなじ役者をやっている人間同士が一緒になって貧乏暮らしをしている。それはいいとして、僕もいい加減なところがあったから、あるとき、彼女のバイトのあがりをね、兄だといつわって店に取りに行って、その金を一晩で全部飲んでしまったこともありました。アパートに帰ってきてから彼女にきつくたしなめられました。「今夜はもう畳《たたみ》の部屋で寝させませんヨ！」「はいはい、すみませんでした」僕は廊下《ろうか》の一畳ぐらいの流し場みたいなスペースで、小さくまるくなって寝ました。夜中に彼女が起きてきて、「アンタ、本気でそんな所で寝るつもり」「だって畳の上で寝かせないっていうからサ」「バカね」とかいわれたりなんかしてねえ、まさに『神田川』の地をいってましたね。

不思議なことに、そのころが「生活してる」っていうか、「生活している気持ち」っていうか、そういう気分がどの時期よりも強かったですね。

けっして生産的な仕事はしてなかったし、バイトもちょくちょくやっていて、芝居の稽古《けいこ》に入るとバイトに行けないから、ほとんど彼女の上がりでメシを食ってたんですけど。〝生活してたなあ〟って実感がものすごくあるんですよ。もう確かにオレは生きていると。貧乏って必ずしもマイナスばかりじゃないんですね。小さな感動がいっぱいあるんですよ。

その後、テレビで食えるようになって、お金のほうも余分に入ってくるようになったわけです。それで、彼女と一緒にデパートなんかに買い物に行くと、僕としてもたまには特選売り場のカッコイイ洋服ぐらい買ってやりたいと思うんです。でも彼女は特選売り場を必ず素通りしちゃって、バーゲンを漁《あさ》る。そんな彼女を見てると、昔の貧乏生活が思いだされて妙に愛おしくなるワケです。

そういう庶民感覚というか、普通の人がもっている感覚を、自分のなかにいつまでも持ち続ける、それが役者として大事であると思います。同時に、そういう感覚が〝自分自身は何モンであるか〟〝何だったのか〟を顧《かえり》みるとき、大事な尺度になっているという気がしますね。一方、その反動で、当時（七〇年代の終わりから八〇年代の初め）としては最高に贅沢なベンツを買っちゃうんです。テレビで売れてきて収入も増えたんで買えるわけですよ。でも、僕は昔も今も、物欲なんてほとんどないんです。だいたいベンツもニッサンもヒルマンも何もわかんないんですから。

それで、シャレでいってたのが「俺の車はベンツだあ！」ってことになって。「俺んちにテレビジョンが入ったよオ」って中学のとき、学校で大きな声でいったこと、前に触れましたけど、そんな感覚が残ってるんですね。

どこか〝少年〟の感覚が残っていて、消せない。消しちゃいけないと、どこかで思っているわけですね。でも、ベンツにしてもテレビジョンにしても、あくまで僕にとってはシャレでしかないんですよ。だって価値観がわからないんだから。これがどういう車で、どこがいいのかわかんなくて買ってしまう。〝シャレ〟でね。それでも一応つっぱるだけつっぱって、いかにも芸能人っぽく生きることも体験してみようと思ったんです。

＊

正式に結婚したのは一九七四年です。僕が二六歳、寿子が二三歳のときです。

前の年、彼女の父親が肝臓癌で亡くなり、この年の二月に母親を脳動脈瘤で失うという、あいつぐ不幸に見舞われたんです。

そうそう、父親の看病のため彼女が別府に帰っているとき、僕は彼女に手紙攻勢をかけましたよ。毎日欠かさず朝と晩に二度、手紙を書き続けたんです。〝僕と結婚しなければ、きみは必ず後悔するぞ〟といった半ば脅迫めいた内容です。僕としては誠心誠意一緒に暮らす必要性を得々と説いたわけです。あんまり激しいので、向こうの郵便屋さんがびっくりしたそうです。たまたま、そのとき、僕はNHKの連続テレビ小説『北の家族』にレギュラー出演してたんです。彼女の父親も『北の家族』を見ていたんで、〝私この人と親しくおつきあいしてるの〟と彼女がいったら、父親はにっこりうなずいてくれたそうです。

両親をあいついで亡くしたことで寿子も気持ちに変化があって、同棲じゃなく正式に籍をいれて〝夫婦〟になろうという気になったんですね。僕の情熱と粘りも効果を発揮したと思っていますけど。

そのころまで、僕は金欠になると、養父母のところから借金をしたりもしました。公務員であった養父は定年退職して、退職金をもらい年金生活をしていたんですが、退職金の一部は僕の借金に化けてしまったんです。具体的な金額はひかえますけど。ただ、『北の家族』にレギュラー出演してからテレビ出演も増えてきて、金銭的にはやや楽になってきました。

籍をいれたのは一九七四年の八月五日です。この日は僕の養母の誕生日なんです。いろいろと心配をかけた養母に敬意を表して、この日、二人そろって渋谷区役所に婚姻届けをだしにいき、帰りに黄色のトパーズの結婚指輪を買いました。三万二千円也です。寿子の誕生石はパールなんですが、高すぎて手がでない。彼女が助け舟をだしてくれて、「あなたの誕生石でいいわ」って。

参宮橋の一間のアパートから梅《うめ》ヶ丘《おか》のモルタルの二階建てのアパートに移ってました。そこで、僕と寿子、それに僕の養父母の四人が集まって、ささやかな祝宴をはりました。そのとき、僕の養父母は寿子にこういったんです。

「これからは私たちを実の親と思って、甘えたり相談したり、ときにはスネもかじってくださいね」

なんて良い親なんだ！　聞いていて僕は目頭が熱くなりましたね。


翌年の二月に、寿子の母親の喪《も》があけるのを待って、劇団の仲間たちが青年座のホールで会費制の披露宴を開いてくれました。会場の設定からバックの演奏バンドまで、すべて劇団仲間の手作りです。あいにく外は雨でしたけど、尊敬する森繁《もりしげ》さんもお祝いにかけつけてくださり、ユーモアのある挨拶をしてくださったし、心のこもった温かいパーティでしたね。最後に僕が即興で寿子に歌をプレゼントしたら、彼女が泣き出しちゃったりして……。

今は昔ですけど、良き仲間に恵まれ、加山雄三《かやまゆうぞう》さんじゃないけど、ほんとに〝ぼかア幸せだなあ〟って思いましたね。新婚旅行などにはいかなかったですけど、充分幸せ。新居は小田急《おだきゅう》線の梅ヶ丘駅近くの2Kのお風呂つきのアパートです。お風呂つきアパートというのが、風呂好きの僕には嬉しかったなア。

そのころから、テレビドラマの出演依頼も増えて、「西田敏行」の顔が知られていくようになったんです。

貧乏暮らしをしていたとき、僕は酒場で酔っ払うとよく、「役者がゴルフをやったり車を乗りまわしては絶対ダメだア」なんていってましたけど、いざその立場にならないとわからないこともあるんだって、その後、思いましたね。ただ、僕自身、自分の役者人生は、水が流れるような〝自然流〟のところにありたいと思っています。昔も今も。

僕は国内、海外旅行を問わず〝わずらわしくて土産品《みやげひん》など買えるか〟という面倒臭がりの面もあるんです。反面、照明さんやカメラさんなど裏方的な仕事をしている方々へは、お土産を気軽に買ってきます。

嫁さんにいわせると、〝七変化、八変化する複雑な性格〟だそうですが、僕自身はいたってシンプル、郡山《こおりやま》の子供時代とそんなに変わってないと思ってます。ただ、ただ、人を喜ばせ楽しませ、それによって自分を喜ばせ楽しませたい、これにつきますね。


その後、二人の娘が生まれて、寿子は役者としての道をあきらめ、専業主婦の道を選ぶんです。これは彼女自身が選んだことです。一時、西田が豪邸を買ったなんて話題になったことがありました。娘の育児や教育の一方、大恩ある養父母がいましたからね。娘や養父母のためにも家を買うほうがいいと思い、昭和五二年に思い切って世田谷《せたがや》区の芦花《ろか》公園近くにマイホームを買いました。狭い庭つきの5LDKの一戸建てです。

引っ越して間もなく、朝目がさめて、真新しい天井がみえると、オレはどこへ来たんだったかな、ナンのロケだっけ、寝ぼけちゃってわかんなくなってる……などと思ったこともあります。狭いとはいえ庭つきの一戸建てのマイホームです。テレビドラマ等につぎつぎ声をかけていただき、ギャラが入ったおかげですね。

僕はいつかは養父母と一緒に生活するための家が欲しいと、漠たる夢をもっていました。女房がいろいろと探しまわって、静かな住宅街で、近くに小児科の医院もあるので、決めました。

養父母は郡山から上京して蒲田《かまた》に住んでいたのですが、僕が養父母の所にいって、「家を買ったから一緒に住もう」といったところ、養父母ともにキョトンとしてましたよ。ちょっと前までは、役者としての稼ぎも少なくて、ときどき養父母の家にいって〝頼む、二万か三万貸して欲しい〟と無心にいってたんですから。

「いくらした」と養父に聞かれたんで、「四〇〇〇万。頭金は一〇〇〇万であとは銀行ローン」といったら、養父母とも唖然《あぜん》としてましたよ。養母は、〝お前気でもくるったのかい〟って顔をしてました。僕はいいました。「役者ってのは面白い商売でしょ」って。

今はだいぶ少なくなりましたが、当時は〝宵越《よいご》しの金はもたない〟って江戸っ子気質《かたぎ》っていうか、そんな粋な気質が特に舞台俳優にはあったんです。僕もそんな空気の中にいました。でも、やっぱり狭苦しいところに住むより、少々広いところのほうが気分が豊かになりますね。じっさいマイホームに引っ越してからなんとなく心が豊かになったような気がしました。なにより、自分のためじゃなく、二人の娘と年老いた養父母のためと思って、思い切って買ったんで、気分はよかったですよ。

僕はハリウッド映画なんかをよく見てましたから、家族全員が食卓につき、家長を中心にメシを食うという生活に憧《あこが》れてたんですよ。それを試してみました。引越祝いに寿司をとって、六人家族が一緒に〝いただきまァす〟といって食べました。やっぱり良かったなあ。もう半分、ハリウッド映画のワンシーンのなかにあるみたいでしたね。そして思いました。これがまともな人間のする生活じゃないかと。

でも、引っ越したころは、なんだかモデルハウスに夜中にごそごそ荷物を運びこんじゃったみたいで、見つかったらどうしよう、などといった気分でしたね。その後、新居に慣れると、仕事が終わって早く家に帰るということもいつしか忘れ、マツ（松崎《まつざき》しげる）などと夜遅くというより、明け方まで飲む生活にもどってしまいましたけどね。

＊

女房と小さなケンカは世間の夫婦並みにしますよ。娘の教育方針ではかなり激しくやり合ったこと覚えてます。上の子の小学校入学問題です。

僕は、どうしても私学のいいところへ入れたかったんです。それで、女の子は盆栽《ぼんさい》と同じで手をかければかけるほど磨《みが》かれてきれいになっていく、という〝子育て盆栽論〟を打ちたてて勝負に挑んだんです。一方、嫁さんは、お茶の水女子大の何とかいう先生からきいてきたといって、ヘタな盆栽で子供の伸びる芽をつんだらどうするって、公立派の御旗を掲げて対抗してきたわけです。

「アンタ、娘を電車で通うような所へ入れて、学校から帰ってきても近所には遊ぶ友だちもいない。それでポツンと一人家で淋しくパソコンやってるような娘にしたいのかって」

さらに〝おかか〟は追い打ちをかけてきました。「私たち地域社会に生きているんだもの。ちゃんと地元の公立にいれたほうがいいに決まってるでしょ」

〝地域社会〟と聞いて僕もちょっとググッときました。こっちは最後の切り札で、「でも、武田鉄矢《たけだてつや》のところは成城《せいじょう》学園に入れてるんだぞ」と切り返したんですが、「アンタ、そんなことでツッパってどうするの」一笑にふされて、こっちはあっけなく討ち死に。

僕らの生活の原点は、『神田川』の中にあるってこと、僕はもちろん嫁さんも忘れてませんね。あのころ、お金がなくて、二人で水ばかり飲んで一日をすごしたこともあります。

当時、僕としては「日常性の中に狂気がひそむ役者」になることを目標としてました。有名になりたいとか、お金が欲しいとかは、あまり思わないんですね。人間として役者として、いつも何かに飢えている、腹の空いている状態でいたい。そういう思いは、今も胸のどこかにあります。

それにしても、あの酔っ払って〝おい西田、てめえはな〟などといっていた嫁さんも、変わればかわるもんですね。本当によく〝主婦〟をしてます。彼女が僕と結婚して子供を産んだとき、彼女のまわりの友だちにこういわれたそうです。「オマエも女だったんだ」みんな一様に驚いたそうです。でも、子供って偉大です。子供ができると彼女、それまでと違って料理も洗濯も一所懸命努力をしてやるようになったんです。参宮橋のあのカーテンもなく、掃除もしない独身男同然の不精な生活など、想像もできない「専業主婦」を立派にこなしているわけです。

その姿がまたいじらしくって、これじゃ浮気をする気も起こらないって！　あ、これは古女房に対する、最大の褒《ほ》め言葉ですかねエ。

僕が仕事で演じるドラマも面白いですけど、西田家のホームドラマもかなりのものです。巧《たく》まずしてコメディになっちゃうというか。戦後、アメリカの映画やテレビドラマが入って来て、憧れの暮らしを見せつけられたでしょう。オープンカーにいい女と犬を乗せて、風を切ってハイウェイを突っ走るシーンとかね。よし、稼げるようになったら、オープンカーを買って、犬を乗せて、あのシーンを再現するぞと夢見ていたわけです。

で、とうとう買いましたよ、オープンカー。飼いましたよ、大型犬。さっそく、新車で伊豆《いず》の土肥《とい》まで出かけました。娘たちが小学生のころかな。

女房はもともと役者志望でノリがいいので、アメリカの気分を出そうと、狙ったようにサングラスにスカーフでハンドルを握るんです。娘二人が後ろに乗って、僕は助手席で愛犬を抱えてね。もう理想的、やったぜベイビーみたいな感じで走り出したら、すぐに渋滞に巻き込まれて、しかも炎天下です。

観光バスの客が上から覗《のぞ》いて、「あ、西田敏行だ」って。ようやく高速に入ってスピードを出したら、犬が車から飛び降りようとして、抑え込むのが大変！ で、幌《ほろ》を全部下げちゃったら、今度は後ろに乗ってる娘たちが「息ができな～い！」って叫ぶんです。高速券もね、娘が「わたし、取る」と言って取ったのはいいけど、風でどこかへ飛んじゃった。営業所のような所に行って始末書を書かされましたよ。

ほうほうの体《てい》で宿に着いたら、「あら、犬ですか。小型犬ならお部屋に入れてもいいですが、この犬は大きすぎますね」といわれて、外の駐車場近くにつながれたんです。夜中、アオーンって鳴き声が聞こえてきて、「あ、ハチだ」と思うと眠れない。みんなで浴衣を着て外に出て、一晩中、ハチを慰《なぐさ》めてね。夢見ていたハリウッド映画のようなシーンとはほど遠い旅でした。

でも、振り返ると、今では絶対に味わえない、我が家の良き思い出です。

第七章　「悪友」は「良友」だべ

子供のころから、一人で本を読んだり考えごとをしているより、友だちを集めてチャンバラごっこをしたりワイワイ騒ぐのが好きでしたね。

すでに触れましたけど、映画俳優を目指して東京にでて高校に入ったときは、福島方言を笑われたこともあって、かなりへこんで、学校をさぼって通った上野《うえの》動物園のゴリラが唯一人の友だちみたいな時期もありましたけど。

好きな演劇をやるようになって、元の陽気でお祭り好きにもどりました。今も昔もおなじだと思いますけど、演劇やってる連中って、とにかくよく酒を飲み議論をするんです。

ですから友だちになるのはたいていお酒の場。アルコールが入るとハイになって、初めて会った人でもすぐ友だちになってしまう。〝人好き〟なんでしょうね。逆にいうと、〝淋しがり〟なのかもしれません。

とにかく陽気にやるのが好き。お祭り好き。おかげでいろんな分野に知り合いや友だちができました。それぞれ他では得難い個性、面白いヤツや素敵な人も数え切れないほどいますが、ここでは長い間〝親友〟としてつきあっている人にしぼります。一番にあげるとしたら、やっぱり歌手の松崎《まつざき》しげるですね。

マツって彼のことを呼んでるんです。アイツは僕のことを「西やん」って呼び合う仲で、もう四〇年にもなる付き合いです。マツと出会うきっかけは、NHKの連ドラ『新・坊っちゃん』のときです。すでに触れたように僕は山嵐役で出ていたのですが、主役の「坊っちゃん」の柴俊夫《しばとしお》がNHKでの収録のあとだったか、「オレの友だちで六本木《ろっぽんぎ》で弾《ひ》き語《がた》りをやってるのがいるんだけど、会わない？　ちゃきちゃきの江戸っ子で、良い感性もってる面白いヤツなんだ」というので、初めて六本木にいったんです。それまで劇団仲間とは渋谷《しぶや》や新宿《しんじゅく》の安酒屋しかいってなかったんで、「六本木って、こういうとこかア」キョロキョロ見まわし、完全におのぼりさんやってました。

柴俊夫に案内されて店に入ると、ギター弾いて歌っている男がいる。『黄色い麦わら帽子』とか、イタリアのカンツォーネだとか。リズム感のある歌い手です。『黄色い麦わら帽子』は当時ちょっとヒットしていた歌でした。その歌い手が松崎しげるでした。

アルコールを飲んでリラックスすると、僕は誰に頼まれたんでもなく歌いたくなっちゃう悪い癖《くせ》がでてね、マツにギターの〝循環《じゅんかん》コード〟を頼んで、即興で歌ったんです。ちょうど店にきてたお客さんをネタにしてね。そしたら、そのお客さんがえらく喜んで気に入ってくれて、二人で飲めってボトルをいれてくれたんです。瞬間的に思いましたね。そうか、松崎しげると二人で組めば、毎日、六本木でタダ酒が飲めるじゃないかって。

松崎しげるって歌手のこと、なんとなく知ってはいたんですが、もちろん会うのは初めて。

二人で即興で歌っているうち妙にウマがあって〝コイツはオレと同じイタリア男、ラテン系だ〟って思ったんです。動物的勘でね。ラテン系気質の典型って、女の子を見かけると必ず声をかける。コレです。それが男としての礼儀だよというぐらいの感覚の持ち主なんですよ。お互い肌合いがあったから一晩でもう完璧に意気投合。「マツ」「西やん」と呼び合うようになるんです。

一方、柴俊夫は対照的で、当時からアメリカの片田舎《かたいなか》の堅物《かたぶつ》みたいなところがある。たとえば女の子が遅くまで遊んでいると、「もう遅いから帰んなさい」と説教する。こっちは、これから彼女たちと楽しく飲もうと思ってナンパしているのに、柴俊夫はあっという間に彼女たちを帰しちゃうんですね。それでも気があう。彼の人徳ですね。

マツはソロ歌手としてデビューしたてで、柴俊夫のとこに転《ころ》がりこんでたんです。お互い無名に近かったけど、初めてあった途端に自分と共通するものを感じましたね。確か初対面のとき酔ってステージに上がってプレスリーの歌を歌ったんです。「うるせえ」とマツがいうと、僕は「それいいね、うるせ〜」と受けて即興で歌にしてしまう。英語もデタラメ、音感的にもデタラメだったけど、マツは「西やん、雰囲気は完璧だ」って褒《ほ》めてくれてね。

それから毎晩のように二人でいろんな店をまわっては即興ソングを歌うようになったんです。タダ酒が飲めて、まかないが食えて、女の子もいる。三拍子そろってたから、楽しくてしょうがない。正月もマツと一緒に過ごしたくらいです。

お客さんにお題をもらって、歌詞もメロディも適当にアドリブで作ることもやりました。マツがギターを弾きながらイントロを歌う。僕がフーッと合わせていく。飲み屋だから、お題はそのものずばり、放送禁止用語連発です。危ない歌詞をラブソングのようなきれいなメロディに乗せて、それなりの雰囲気で歌うと、ギャップが激しくて、すっごく面白い。喝采《かっさい》をあびましたよ。

ま、いってみればマツと二人で『東海道中膝栗毛《とうかいどうちゅうひざくりげ》』の弥次《やじ》さん、喜多《きた》さんをやってたんですよ。二人の即興ソングについて、「豚とゴボウ（僕とマツ）がビーチサンダル履いて、客からお題をもらって即興で歌う。面白い奴らだよ」って評判になったんです。

＊

当時、六本木で有名だったのは、僕ら二人とビジーフォーの面々。モト冬樹《ふゆき》とかグッチ裕三《ゆうぞう》とかウガンダ・トラとかですね。僕らはステージが終わると、冬樹の所へ遊びにいく。そこへ友だち集まってきて、またひと騒ぎ。

こんな組み合わせもありました。僕とマツが歌って、柴俊夫が司会進行役で、健坊（田中《たなか》健《けん》）がベースギター、西城秀樹《さいじょうひでき》がドラム。豪華メンバーですけど、当時はほとんど無名です。よくつるんでいたのは、それに志垣太郎《しがきたろう》を加えた五人ですね。

当時、僕はけっこうケンカ早かったんですよ。柴俊夫が週刊誌に「なかなか結婚しない柴俊夫」なんて書かれましてね、ある店でお客に「おまえ、オカマじゃないのか」とからかわれたことがあったんです。僕はカーッと頭に血がのぼって、「なにィ〜、今、なんていった?」っつっかかっていきました。友だちをけなされたり、冷やかされたりすると、もう我慢できない。若いころですよ。マツにいわせれば「西やんはものすごく友だち思いで、友だちのことになるとグッと前に出る正義感」ということですが。

ただ、友だちにも遠慮なくいいましたよ。柴俊夫や田中健には、「あのな、そんなことだからダメなんだよ。おまえら世紀の二枚目なんだから、二枚目は二枚目らしくすればいいんだよ。自分の役割をちゃんと全うしろ」なんて粋がってね。

六本木以外では、柴俊夫や下条《しもじょう》アトム、小倉一郎《おぐらいちろう》、桃井《ももい》かおりなどと新宿、渋谷の赤提灯《あかちょうちん》で夜な夜な酔っ払いましたね。僕の酒は最初やたらに愉快になって、次が感激、さらに酔うと涙ぐんでオンオン泣きだしちゃう。仲間も心得たもんで、僕が涙をみせると、〝これでおひらき〟ってことになるんです。


大真面目に遊んでいると、幸運が舞い込むこともあるんですね。〝六本木で即興ソングを歌うおかしな二人組がいる〟という噂《うわさ》を聞いて、ＴＢＳのプロデューサーがステージを見に来たんです。そして、「きみたち、あの即興ソングをテレビでやってみないか」というオファーをくれたんです。願ったりかなったりです。それではじまったのが『ハッスル銀座』という番組。一九七五年のことです。当時「ハッスル」という言葉がはやってましたね。〝お前いやにハッスルしてるじゃねえか〟とか。張り切ってるというより頑張るという意味に近いかな。

『ハッスル銀座』は土曜の正午から一時間の生番組です。〝売れない二人〟が司会進行役で、とにかく元気よく陽気にワアワア騒いで作ってました。マツと僕の〝個性〟というか〝地〟をそのまま遊び気分でだせるんで、楽しかったですよ。銀座のど真ん中の「銀座テレサ」というサテライトスタジオから発信するんです。即興ソングも歌いましたけど、もともと僕らの歌は放送禁止用語連発です。酒場だからこそ許されるような下世話な歌ばかりだったんで、品良く歌うとなるときびしいと最初は思ったけど、これがバカ受けでしたね。放送禁止になるかならないかのぎりぎりの線を狙いました。

ゲストのコーナーがあってプロデューサーから誰を呼びたいか聞かれて、「呼ぶなら女の子がいいですよ。男はノー」とあえていったところ、プロデューサーから、「どんな女の子が好きなんだ?」と聞かれて、マツは、「永遠の処女、十朱幸代《とあけゆきよ》さん」といい、僕は、「ナタリー・ドロンがいい」といったんです。

そしたら、第一回目のゲストに、局側は本当に十朱幸代さんを呼んでくれたんです。マツは飛び上がらんばかりの喜びようです。NHKの夕方の連ドラ『バス通り裏』からでてきた清純な美人女優ですからね。二人の間に十朱さんが座って、三越の特別食堂からとった昼飯を食べながらフリートークをしました。

十朱さんが電気釜のコマーシャルをやってたころで、「あ、お米が立つ」という台詞《せりふ》があったんです。トークの後、僕らの即興ソングコーナーで、マツが、「いま十朱さんと話した雰囲気を歌にしまアす」といって「あ〜、お米が立つぅ〜」と歌うと、それをうけて僕が「あんたのつややかな〜」とか続けるんですが、大受けでしたね。

僕らの希望が通ってゲストはその後も全員女性となりました。青江三奈《あおえみな》さんがゲストのときは「ミナ、ミーナ、ミーナ、オーレ!」なんて歌って、もう大爆笑。僕がダメモトというか、あくまで〝夢〟としてリクエストしたナタリー・ドロンですが、なんとプロデューサーはナタリーを番組に呼んでくれたんです。もちろん通訳つきで。

僕はただボーッというか、うっとり彼女を見てましたね。TBSの担当者はすごく優秀なプロデューサーでね、僕ら二人を使うこと自体がそもそも冒険なのに、ほんとに自由にやらせてくれました。テレビが「発展途上」の時期で、現場ではいろいろな試みというか実験ができたんですね。古き良き時代といってもいいでしょう。

おかげで、最高に幸せな時間を過ごさせていただきました。

＊

『ハッスル銀座』の番組の影響もあったんでしょう、マツの『愛のメモリー』が大ヒットしたんです。僕は僕で、森繁《もりしげ》さん主演の『三男三女婿一匹』というTBSのドラマで、新人なのに〝森繁久彌《もりしげひさや》にアドリブで返せる男〟ってことになって、名前が売れてきた。

二人してほとんど同時に売れてきちゃったんです。

柴俊夫が僕を夜の六本木に誘ってくれなかったら、マツとの出会いもないし、僕のその後も、変わっていたんじゃないですかね。歴史に〝もし〟は意味がないといわれますけど、人と人との出会いには〝もし〟がたくさんありますね。マツの『愛のメモリー』が大ヒットしたとき、僕はマツにいいました。

「来たなあ、マツ、すごいじゃないか。おまえが出てない歌番組なんてねえんじゃねえか」

マツの喜びは僕の喜びでもあるんですね。『愛のメモリー』は一九七七年のレコード大賞歌唱賞に輝いたばかりか、この歌でマツは、あの国民番組の『紅白歌合戦』への初出場も決まったんです。

自分のことみたいに嬉《うれ》しくて、僕は彼にいいましたよ。「マツ、大晦日《おおみそか》、朝からおまえについてって、いいか」「いいけど……ついてきてどうすんだよ」「俺の夢だったんだよ、レコード大賞の会場から、そのまま『紅白歌合戦』の会場に行くってのが。マツ、お前は今年それを体験するんだ。行かせてくれよ。行かせて、行かせて」って僕は子供のようにせがみました。「もちろん、いいよ」って答え。当日、勇んでレコード大賞授賞式の会場にいって、「マツ、がんばれ～！」って声援を送りましたよ。そのあとのNHKの『紅白歌合戦』でも、マツが歌う番になると僕はステージにかけあがって、「マツよう、連れてきてくれて、ありがとう。俺の夢を果たしてくれてありがとな」といって喜びあいました。もちろん、NHKの演出と事前の打ち合わせをしましたが。あれも忘れられない思い出です。

森繁さんが亡くなったため、引き受けたラジオ番組があります。森繁さんと加藤道子《かとうみちこ》さんが長い間やってたNHKラジオの『日曜名作座』です。森繁さんの役目を僕が、加藤道子さんの役目を竹下景子《たけしたけいこ》ちゃんがやって、タイトルも『新・日曜名作座』と少し看板をかえてレギュラー出演することになったんです。去年（二〇一五年）ラジオの収録でNHKにいったとき、マツがきてるっていうんで電話で、「ラジオの収録まで三〇分くらいあるから、ちょっと話そう」というと、オッケーとマツの返事。マツはNHKの『スタジオパークからこんにちは』に出てたんです。司会が竹下景子ちゃんでした。

NHKの食堂で待ってると、マツは真っ黒に日焼けした顔でやってきました。「や、元気」「ああ、マツも元気そうだな」二言三言話すうち、もう青年時代にもどってるんです。

「マツ、なんでも好きなもん食え。ん？　コーヒーがいいか。心配すんな、オレ、おごるからよ」というと、マツは笑ってました。

マツは僕が出たドラマの打ち上げなんかにもよく顔を出してましたよ。ドラマの出演者でもないのに。マツの話じゃ、この僕が〝おまえがいねえとダメなんだよ。マツ、来てくれっか〟っていうもんだから来たんだとかいってますが。そんなこといったか、いわなかったか、記憶にございません。

当時は今と違って万事アバウトな空気がテレビ界にも漂《ただよ》ってましたね。だから、出演者じゃないマツが打ち上げにきたって、誰も文句なんかいわない。むしろ大歓迎です。アルコールがまわったころを見計らって、二人で即興に参加者の名前や特徴を織り込んだ歌を歌うんです。もう大喝采です。

はたから見たら、あいつら遊んでんのかと思う人がいたかもしれません。遊んでるんですよ、仕事のなかで。良い意味の〝遊び〟をね。とにかく、人を喜ばせたいんですよ。楽しくさせたいんですよ。みんなが喜ぶと、僕らも楽しくなる。良い性分しているでしょう。あ、これは自画自賛かな。

そうそう、僕が映画で日本アカデミー賞とかブルーリボン賞をもらったときも、マツは関係ないのに授賞式に顔をだして、僕と二人で即興の歌を歌ったりしました。日本映画を代表する名監督やスター俳優等々、錚々《そうそう》たる人たちの前でね。若かったし、怖いもん知らずだったんです。今はそんな無鉄砲なことはできませんけど。

＊

マツとは取っておきの話――リオのカーニバルの「珍道中」のエピソードがあるんですけど、ここらでちょっと他の友だちのことに触れましょう。

武田鉄矢《たけだてつや》とは、一九七八年にテレビ朝日の『見ごろ食べごろ笑いごろ』という番組で共演して以来、気があって親しく付き合うようになったんです。アイツとは生まれる前は兄弟だったんじゃないかと思えるほど気持ちが通じ合うんです。体型も、腹がでっぱって、足が短くて、そっくりでしょ。マツのときと同じで、会ってすぐ動物的勘で〝同類〟を感じましたね。以来、家族ぐるみのつきあいを続けてます。

男には英雄型と痴漢型があるそうですが、アイツも僕もどっちかというと、後者の「痴漢型」かな。具体的には〝人間っぽいってところ〟と解釈しておきましょう。

類は友をよぶって言葉があるけど、どうも友だちには胴長短足で、カバみたいのが多いんですよ。典型例が武田鉄矢ですが、ただ、似ているといっても、いざ仕事となると、お互い「あいつにだけは負けたくない」ってライバル意識がむきだしになるんです。

テレビ朝日で『サンキュー先生』って連ドラをやったときも、僕は武田鉄矢の『金八先生《きんぱちせんせい》』を意識してましたよ。三五人の子供が相手なんですが、撮影現場で子供たちはおとなしくしていないし、動きまわるし、もううるさくて、うるさくて。でも、そんな子供と一緒のレベルまで僕はいってしまうんですね。

同類とはいっても、武田鉄矢はコンサートの喋りなんかでも、客を笑わせながらどこか客を教えさとすというところがあるでしょう。だから教師をやるといかにも教師らしく見える。その点、僕は生徒と一緒に悩んだり騒いだりしちゃうんですね。鉄矢のやる先生は、あのまま校長に昇格してもやっていける、そんな教師。一方、僕のほうは各方面にご迷惑をかけながら、やっと教師を続けている。そんな先生で、とても校長になれない。でも、『金八先生』には負けていられないぞってライバル意識がありました。

子供って、うるさいけど、かわいいんですよ。特に自分の子供はね。いつだったか、武田鉄矢と生まれてくる子供同士を許嫁《いいなずけ》にしようと約束したことがあります。ところが生まれた子がどちらも女の子だったもので、この約束は果たされませんでした。

柴俊夫は僕の親友中の親友ですね。彼が真野響子《まやきょうこ》ちゃんと結婚して間もないころ、「あいつ、どんな新婚生活してるんだろう」と、ある冬の夜、仕事の帰りに柴君の新居をたずねたんですよ。新居の応接間には、すごく立派なペルシャ絨毯《じゅうたん》が敷いてありました。

「いいなあ」と僕がほめると、「いいだろう、西やん。部屋にペルシャ絨毯敷くのがオレの夢だったんだよ。中東へ旅行したとき買ってきたんだ」「そうか。いいねえ、ふかふかだよ」

そういって僕は絨毯の上に座り込み、響子ちゃんとも話し込みました。その夜、僕は仕事が忙しくて夕飯を食べてなかったんですね。でも、そんなことをオクビにもださず、響子ちゃんがいれてくれたコーヒーを飲んでいたんですが、そのとき、お腹がグーッとなったんです。

「あれ、西やん、食事まだだったの」と柴俊夫。

「気がつかなくてごめんなさい」と響子ちゃんはいって料理を作りはじめたんです。夜の一〇時ごろです。「いいんですよ、時間も遅いし」といったんだけど、響子ちゃんは、「簡単なものしか作れないけど」といってラーメンを作ってくれたんです。僕はペルシャ絨毯の上に座り込みラーメンを食べましたよ。

「うめぇ」なんていいながらね。ところが手がすべって絨毯の上にラーメンがベチャッと落ちてしまった。柴俊夫は真っ青です。「お、おれの夢だった絨毯が!」ラーメンの色に染まった絨毯は見る影もありません。僕が悪いんだから、こっちが素直に頭をさげて謝らなくちゃいけない。でも、急に怒りだした柴をみて僕はムッとしてしまい、「確かに俺が悪いよ。でも、そんなに怒ることはないだろう。帰る」といって柴と響子ちゃんの新居を飛び出してしまったんです。冬の深夜で雪が降っていて、タクシーもまったく通らない。

「オレが悪いんだから素直に謝るんだったな」と寒さに震えながら反省していました。そのときです。「西やん、風邪ひくぞ」の声。振り返ると柴俊夫が立っていて、こういうんです。「ラーメン作り直したから、もどって食べろよ」もどって食べたラーメンのうまさったらなかったね。

真剣に怒ったり、泣いたり、笑ったり、率直に感情をぶつけることで良い関係、つまり友情が生まれるってこともあるんだな、とあらためて学びましたね。

泉《いずみ》ピン子も親友の一人です。彼女からの電話に三時間もつきあったことがあります。仕事上の行き詰まりを感じたりしてたようで、「仕事をやめようかと思っているの」というんです。いろいろと悩みを聞きましたよ。具体的な中身はいえませんが、優しく聞いて僕なりに意見もいいました。延々と三時間。明け方になっていたかな。ピン子も、僕に悩みや怒りをぶちまけて、ようやく気がおさまったようで、最後に、「寿子さん、どうしてる？」って聞くから、「ああ、もう寝てるよ」というと、ピン子は電話の向こうで泣いてましたね。

＊

友だちの話になるときりがないので、マツとのことにもどります。

あるときマツから、「西やん、何か、かなえたい夢ある」って聞かれたんで、「リオのカーニバルに行きたいな。『黒いオルフェ』って映画に、コルコバードの丘から降りてトロッコ列車に走りながら飛び乗るシーンがあるだろ。あれをやりたいんだよ」といったらマツも乗って、よしリオに行こうということになったんです。パッケージツアーは嫌なんで個人旅行にしようと。個人旅行だと、当時のお金で一二〇万円かかる。それじゃ、毎月一〇万円ずつ貯めて一年後に行くってことにしました。一九七九年の二月、目標の一二〇万円がたまったんで、行きました。

マツはリオのカーニバルは初めてだけど、じつは僕は一九七七年の二月に一度行ってるんです。TBSの『日曜☆特バン』ていう番組でね。出演者は僕とサックス奏者の渡辺貞夫《わたなべさだお》さんの二人で、他は撮影スタッフで計一〇人。僕には初めての海外旅行だったんです。

リオのメインストリート、ヴァルガス大統領通りの西側が数キロにわたって〝サンバ大コンクール〟の見物席になるんです。丸裸同然のブラジル娘が踊る、その熱気は日本でいえば阿波《あわ》踊《おど》りに、ねぶた、祇園祭《ぎおんまつ》り、ドンタクを合わせたみたいで、もう圧倒されっぱなし。

好奇心旺盛な僕は、せっかくリオまで行くんだから生活の臭いのする裏通りも歩いてみたいと思ったのね。で、前夜祭のとき通訳と一緒に家族に土産《みやげ》でも買っていこうと街をぶらついているうち、人込みのなか通訳とはぐれてしまったんです。しょうがないので、下町のほうに一人で歩いていくと、さみしい一角にきてしまった。

道の途中にトンネルがあって裸電球がつりさがっている。そのとき気づいたんです。どうも何人かの現地の男に目をつけられている！　三人連れの大男でTシャツにゾウリ履き、こっちは観光客用のテンガロンハットにジーンズ。二人が僕の左右をはさむように歩き、後ろから一人がくる。後ろのヤツは腰のベルトに抜き身のナイフをぶちこんでるんです。彼らは〝ジャポン、ジャポン〟といっているようで、僕はぞーっとしましたね。

じつはブラジルへ行く一ヶ月前、剣豪作家の五味康祐《ごみこうすけ》さんが占ってくれたんですけど、「あんた、旅先で死ぬかもしれんな」と。それを思い出すと、背筋が寒くなり足はガタガタ。嫁さんや子供の顔が浮かびましたよ。と、そのときサンバのリズムが聞こえてきたんです。トンネルの奥からサンバのリズムに乗って踊子たちや見物客がどっとやってくる。僕は夢中でその渦《うず》のなかに逃げるようにまぎれこんで難を逃れたんです。

リオのカーニバルじゃ毎年のように死者が出るんです。急性アル中もふくめ、その年も一六〇人もの死者が出たそうです。そんな怖い思いもしましたが、生来お祭り好きですから、マツと二人の珍道中もいいなと。休暇をとっていきましたよ。僕もマツも〝ラテン気質〟ですから、強烈なサンバのリズムにすぐ乗れるんです。

テレビ番組の取材のときは、仮装行列に丹下左膳《たんげさぜん》の扮装《ふんそう》で乗り込みましたよ。それでサンバのリズムに乗ってるうち、ふと気づくと腰にさしていた日本刀（竹光）はどっかにいってしまいましたね。ブラジル美人と〝セックス問答〟なんかもしました。カーニバルも最終日になって、妻子に土産を買おうと思ってスーツケースの底に入れておいた財布をとりだすと、妙に薄い。中身をあらためて唖然《あぜん》です。一〇〇ドル札七枚と一万円札八枚が消えてました。当時のレートでざっと二七万円あまり。ドロボーは全部をもっていかないで、多少残していくってのが、ブラジル的と思ったりしました。

危険な目にもあったけど、ブラジルってとっても居心地がいいんですよ。ハワイとかアメリカなんて日本の延長みたいでしょう。町を歩いていても〝あ、西田敏行だ〟なんてことになって、落ち着かない。ブラジルは日本の裏側ですけど、芸能人だからといって特別な目で見ないんです。ですから、のびのびとした気分になれます。

なにより、彼らはおおらかで、いい加減なところもあって、コセコセしない。経済的に楽じゃないのに、みんなけっこう明るいんですよ。リオデジャネイロにまだ骨組みだけという建築中の寺院があったんで、僕は、この寺院、いつから建てはじめたのと聞いてみたんです。現地の通訳の人は何て答えたと思います？

「二〇年くらい前かな」えっと思いましたよ。二〇年たってまだ骨組みだけ？　信じられない、ゆっくりさです。もっと驚いたことがあります。有名なニュースキャスターが出演しているテレビを見たとき、当人のキャスターが出てないんです。

「どうしたの」と通訳に聞くと、通訳は、「ちょっと待ってください、いま番組で説明してますから」って番組の進行役の説明を聞いてから、こういったんです。「ええとですね、あのキャスター、泳ぎに行って休みだそうです。今日は暑かったですからね。朝、彼からテレビ局に電話があって『暑いから泳ぎに行くんで、今日のお昼のニュース番組は休む』って。だから、彼は休みです」

仰天《ぎょうてん》でしたよ。そんなことが首都のリオのテレビ局で許されるのか。通訳は当然のことのようにいうんです。「しかたない。暑いんだから」。日本のニュースキャスターだったら間違いなく番組おろされちゃいますよ。責任の所在がはっきりしていてコンプライアンスがどうのこうのとうるさい日本から来ると、こういう〝いい加減さ〟が小気味いいんですね。

今の日本て、すぐ責任、責任とちょっとしたミスでも追及されて、息がつまりそうなところがあるでしょう。子供が道路で転《ころ》んでも、転ぶような道を作った行政が悪い、これですからね。昔の日本人はもっといい加減だったと思うんです。テレビ局だって、僕がドラマに出はじめたころは、全然関係ない人間が局の食堂へいって食べてたりもしてましたからね。「まあ、いいじゃないの」こういって、許してしまえる社会空間があったと思うんです。そして、誰もそれを「いい加減だ」なんて非難しなかったですね。いい加減さを許せるのは心の余裕なんです。危ないこともありますけど、ブラジル人のもつ、おおらかさやいい加減さは、いいなア。

＊

ところで、マツとのプライベートな旅行です。なにしろマツは『愛のメモリー』が大ヒットして、ものすごく忙しいさなか。でも、なんとかスケジュールをやりくりして一週間の休みをひねり出したんです。そのかわり、マツは出発前の一〇日間くらいは、ほとんど眠らずに働きづめ。飛行機に乗るときは、もう過労と睡眠不足で、足がふらついてるんですよ。

「西やん、オレ、もう駄目！　目があかないよ」だったら、そのまま眠っちまえばいいだろう。僕はそう思ったんですが、そんな単純なことじゃあない。マツはあまりに疲れすぎて眠れないんです。それじゃあって、僕なりの心遣いをして、リオ行きの飛行機に乗り換えるニューヨークの空港で酒を買ったんです。

「おい、マツ、濃い目のお酒をグイッと飲んでぐっすり寝ちゃおうぜ。目が覚めたらサンバのリズムが待ってるぞ」

僕が買ったのはドクロマークの入った酒でした。どこの酒だかわかりません。ドクロマークが目についたんで、これ飲んだら爆睡できるんじゃないかと思って買ったんです。

「なんだかしんないけど、コレ強烈そうだぜ」とは思ったものの、酒好きの二人です。飛行機の中で「乾杯！」なんていいながらストレートで飲みはじめたんです。しばらくして、

「ちょっと、いいですか」って隣りの席の外国人が話しかけてきたんですよ。なぜか流暢《りゅうちょう》な日本語です。「その酒は要注意ですよ。レイベルの注意書き、読みましたか」ラベルのことを気取って「レイベル」って発音するんです。もちろん読んじゃあいない。なんて書いてあるか聞いたところ、その外国人いわく、「『この酒は絶対にストレートで飲まないでください』。コレ、ストレートで飲んだら目つぶれます」おいおい、そりゃないぜ。僕たちもう半分近く飲んじゃってるんですよ。あわてて飲むのをストップしたんですが……。

時すでに遅しです。僕はなんでもなかったんですが、睡眠不足で疲れているマツのところにモロにきたんです。マツの目からものすごい量の目やにが噴き出してきて片目があかなくなってしまったんです。

「西やん、オレ目が見えなくなってしまうのかなア」「だいじょうぶ。目薬もってきたから。これをさせば治る」僕の渡した目薬をマツはがばがば目にさしたんです。目やにの出方は少なくなったけど、片目はまだ丹下左膳です。前に番組でリオにきたとき、僕は丹下左膳のかっこうで仮装パーティに出たけど、今度はマツがそれをやっている。

そのままリオの空港に到着です。ここで僕にアクシデントが発生するのですが、それは後にして、マツのことです。空港からホテルに着いたとき、マツは依然として丹下左膳でしたけど、ここからがマツのすごいところです。同じくラテン系ながら、マツがただものじゃあないってことをリオで見せてくれました。

ホテルに着くとマツは、「西やん、オレちょっと出かけてくるわ。バイビ〜！」てなことをいって、夜の街へ飛び出して行ったんです。丹下左膳みたいに片目のまんまです。当時、マツは独身でしたし、張り切るのも無理はないですよ。ブラジルには、とにかく美人が多いんです。ポルトガル系の混血美女なんて、小柄でボインで、チャーミングそのもの。昔、アグネス・ラムってモデルが日本のテレビのＣＭなんかにでて、大人気でしたけど、そのクラスがごろごろいるんです。

その夜、マツがどうなったか……いわぬが花でしょう。それより、僕が味わったアクシデントです。

リオ空港に着いたときに話をもどしますけど……僕の荷物がまったく出てこないんですよ。二月だったから厚いジャンパーにタートルネックのセーター、もこもこズボン、ブーツという姿で日本を出たんです。ところが現地はメチャ暑い。行く前にマツには、「オレ、一度リオにいってるし、英語とポルトガル語はだいたいわかる」なんて豪語してたんです。マツは僕の言葉を信用してなくて『一〇〇万人のポルトガル語』という本を二冊買って、僕に一冊くれました。それを取り出して僕は現地の手荷物係とたどたどしく、懸命に交渉しましたよ。一時間待ったのに出てこない。あきらめてホテルへ向かいました。

僕のテレビや舞台での衣装は、花菱という洋服屋さんが担当していたんです。それで、タキシードから何からすべて向こうのフェスティバルで着るのを用意してくれてたのに、着る物が何もない。ホテルに着いてすぐ短パンとTシャツを買いに行きました。

洋服店の隣りにJALの支店があったので相談したら、荷物の件はこちらで処理しておきますと。ついでにJALで法被《はっぴ》を借りました。

結局、リオ滞在中、荷物は出てこなかったんです。ところが、なんと驚いたことに、半年後に荷物が出てきたんですよ。地球を何周したんだ！　と思いましたね。

そのときは、ま、運が悪かったと〝ラテン系〟の楽天さを発揮して、忘れることにして、二人してカーニバルの前夜祭〝カネコーン〟に出ました。ところで丹下左膳のマツですけど、夜の街からホテルにもどってくると、不思議と大量の目やにも減っていたんです。現地美人から〝秘薬〟でももらったのか……どうか、知りません。たぶん、アルコールが体から抜けて、目やにがとまったんでしょう。

晴れのカネコーンでは、マツはそのために用意してきたタキシードをびしっと決めてる。一方、僕ときたらＪＡＬから借りた法被姿。でも、よくしたもんで、法被は日本のタキシードというわけで評判よくて、おかげでスーツケースの紛失のショックも忘れて熱気にとけこみました。

前夜祭の会場にひときわ目立つ羽織袴《はおりはかま》のオヤジがいたんです。そのオヤジは、自分より背の高いグラマラスなブラジル美女たちを八人くらい引き連れている。すげえ、かっこいい！　と思ったら、なんと剣豪作家の五味康祐さんでした。

「今年で四回目だよ」と五味さん。横を見たら、渡辺貞夫さんがいる。声をかけたら、「おー、おまえら、来たのかよ」って栃木なまりが返ってきた。

前夜祭には、欧米のＶＩＰたちがわんさかやってくるんです。約一〇〇〇人が集うドーム型の会場は、まるで別世界。あっ、キャンディス・バーゲンがいる！　と思ったら、毎年、タイム誌が撮影取材に来ていて、その年のリオのカーニバル掲載号の表紙はキャンディス・バーゲンでした。

前夜祭のきらびやかな世界にいるけど、僕は、「マツ、ここは治外法権だよ」といいました。「ドームの外には何重にも人が取り巻いていて、中からかすかに聞こえるサンバの音で踊ってるんだ。彼らは一生かけても、ここには入れないんだよ」

貧富の差の激しい国ですからね。僕はちょっと哀愁を感じちゃいました。でも、哀愁は束の間。近くのバーに繰り出したときは、若い男二人、楽しもうぜと気分全開です。客は僕らと女の子五人だけで、エリザベス・テーラーかアグネス・ラムみたいな美女ばかり。

映画の中のワンシーンのように「女性たちに一杯」とバーテンダーに身振りで頼むと、彼が「あちらの方から」とでもいったのか、女の子二人がすっと立って僕らの横に来た。そこで二人して慌てて『100万人のポルトガル語』を開いて、片言で語り合う。

向こうも日本語を教えてといって「あなたの名前、何でしゅか」なんてね。それがまた可愛い。飲んで、喋って、笑って、帰ろうとしたら、なんと女の子たちもついてくるのね。泊まってるホテルで女の子たちがシャットアウトされて、ようやくコールガールだとわかった。なんだよ、そうだったのかなんてマツと二人して笑いましたよ。

カーニバルのパレードは渡辺貞夫さんたちと桟敷《さじき》で見ました。遠くからサンバのリズムが近づいてくると、もう鼓動が早くなって、血管がブチ切れそうになる。ワクワクドキドキで、最高の気分でしたね。

旅の後半、イグアスの滝を見に行こうとヘリコプターに乗ったら、ドアがなくバーが一本あるだけ。宙返りせんばかりの操縦です。僕は高所恐怖症なんで、もう心臓が止まるかと何度も思いましたよ。そのあと、コルコバードの丘から降りて来て、トロッコ電車に走って飛び乗り、映画『黒いオルフェ』を演じましたよ。このためにこそはるばるブラジルまでやってきたんだから。

僕はちょうど三〇歳。マツは二八歳。日本にいたら絶対味わえない楽しい旅でした。

日本に帰ってきたら、柴俊夫が怒ること怒ること。

「なんで俺にいわないで、二人で行ったんだよ」いまだに、「二人ともほんとに汚ねえよな」

といわれます。でも、〝風紀係〟の柴俊夫がいたら、たぶん何かとたしなめられるような旅になって〝ラテン気質〟の発散も不完全燃焼で終わったんじゃないでしょうか。

まだ〝青春〟という言葉でくくれるような若い時代の、古き良き思い出です。

第八章　大河ドラマで『秀吉』と『西郷』を演じて学んだこと

スケール感や歴史のうねりを本格的に描くテレビドラマといえば、やはりＮＨＫの大河ドラマですね。大河ドラマで日本の歴史を学んだという人も多いかと思います。ということは、史実に忠実にやらなければならない。ただ、史実を重視するあまり教科書のような「歴史ドラマ」になってしまってもいけない。なにより「面白く」なければいけない。

それだけに大河の主役ないし準主役には、大変なプレッシャーがかかります。

大河ドラマは『花神《かしん》』を手はじめに『おんな太閤記』『山河燃《さんがも》ゆ』『翔《と》ぶが如《ごと》く』『八代将軍吉宗《よしむね》』『葵《あおい》 三代』『功名《こうみよう》が辻《つじ》』『八重《やえ》の桜』等々に出ました。主役ないし主役に準ずる役となると、一年間、毎週一回計五〇回ほどの連続ドラマですから、ほんとに体力勝負ですね。

主演は『翔ぶが如く』の西郷隆盛《さいごうたかもり》役と、『八代将軍吉宗』の吉宗役です。準主役は『おんな太閤記』の豊臣秀吉《とよとみひでよし》と『山河燃ゆ』の天羽忠《あもうただし》役といったところですね。

それぞれに思い出がありますけど、まずは『おんな太閤記』（一九八一年・橋田壽賀子《はしだすがこ》脚本）からお話ししましょう。これは大河ドラマに〝ホームドラマの要素〟が入ってきた初めてのもので、画期的なドラマでしたね。

橋田壽賀子さんにとって、初めての大河ドラマの執筆でもあり、力がこもっていたと思います。橋田さんは、『隣りの芝生』や『夫婦』(ともにＮＨＫ)といった〝辛口ホームドラマ〟で嫁姑の葛藤を描いて大ヒットをとばした方です。ＮＨＫの朝のテレビ小説『おしん』は国内ばかりでなく、海外でも大評判になりました。〝橋田節〟とでもいった独特の長台詞《せりふ》の語り口を作った方で、九〇をすぎて未だ現役っていうのもすごいですね。

『太閤記』は豊臣秀吉が主人公ですが、橋田さんは秀吉の妻の〝ねね〟に焦点をあて、秀吉一家の〝ホームドラマ〟という観点から戦国のうねりを描きだそうとしたものです。〝おんなの立場〟から太閤記を描くので、タイトルはそのものズバリ、『おんな太閤記』。一九作目の大河ドラマです。

ＮＨＫのプロデューサーから出演依頼があったとき、こういわれました。

「橋田さんは、秀吉については西田さんを念頭においています。西田さんは明るくて、バイタリティがあって何をやっても憎めない人。これまでにない秀吉像をつくりたいので、ぜひ西田さんにやって欲しいそうです」

僕に〝あて書き〟をするというのです。喜んでお引き受けしました。秀吉の正室である〝ねね〟が、秀吉のかげでどんな働きをしたのか、どんな日々を送り、何を考えていたのか、ほとんど予備知識がなかったので、逆に興味をもちましたね。

秀吉は六〇年くらいの人生で足軽から天下人になる人です。希《まれ》に見る戦略家、戦術家であり、表裏のひっくりかえしが非常に激しかった人生じゃなかったかと思うんです。そして、自分がどういう男であるかということを客観的に人にのべることができなくて、たえず「何かを演じ続けていた」男ではなかったかと。これは僕なりの解釈ですけど。

たとえば大坂城では常に「太閤様」の役を演じきっている。秀吉はいつでもどこでも「演じきる」という感覚をもっている。例外は女房のねねとの憩いの中に帰ってきたときです。このときだけは、自分の弱みとか欠点とかをさらけ出して、素《す》のままの自分になる。つまり〝演じていない〟んですね。

秀吉にとって、ねねは〝演じなくてすむ〟唯一人の相手ではないのか。そう思ったとき、僕のなかで「新しい秀吉像」がふくらんできました。


映画でもテレビドラマでも何人もの人が秀吉役をやってきましたが、ベストは緒形拳《おがたけん》さんだと思ってました。NHK大河ドラマ三作目の『太閤記』（吉川英治《よしかわえいじ》原作・茂木草介《もぎそうすけ》脚本）での緒形拳さんです。力があって強く訴えかけるものがあって素晴らしかった。

僕には緒形さんの秀吉がいい材料になっています。ただ、秀吉をやるからには緒形さんの秀吉を超えたいという思いはありましたね。

当時、僕には『池中玄太《いけなかげんた》80キロ』などのドラマを通じて三枚目のイメージがかなりついてたんです。当然秀吉にもそれまでの秀吉とは違った秀吉像が期待されている。橋田脚本を通して、どう僕なりの秀吉像を演じるか、大役なのでいろいろと考えました。

役者の原点にはまず肉体があります。これだけは天与のもので、どうすることもできない。その他の演技とか感覚とかには二枚目も三枚目もない。だったら〝はるかなる二枚目〟を目指せばいいのではないか。そう思い定めると、気分が楽になりましたね。

僕自身、にぎやかなことが大好きですし、人を喜ばすことが好きという点では秀吉に似ているんじゃないか。ただ外見は真反対なんですね。

若いころ、秀吉は木下藤吉郎《きのしたとうきちろう》という名前で、主君の信長から「猿、猿」といわれていたし、痩せて、小さく、猿みたいにすばしっこかったといわれてます。でも、僕はこの体ですからねエ。急に痩せて小さくなることなどできません。体つきからして、それまでの秀吉像を破る〝西田秀吉〟になるしかない。視聴者にどう受け入れられるか気にはなってましたが、僕なりに秀吉を演じきるしかないと腹を決めました。

秀吉を現代の政治家にたとえるなら誰になるか。もちろん「今太閤」といわれた田中角栄《たなかかくえい》元首相です。僕としては、ずっと角栄さんをイメージしましたね。

角栄さんはロッキード事件で刑事被告人となり失意のうちに亡くなっていきます。秀吉も天下統一を果たしたあと、文禄《ぶんろく》・慶長《けいちょう》の役で朝鮮半島に出兵したりして大失敗。失意のうちに亡くなったあと、秀吉がうちたてた豊臣家は徳川家康に滅ぼされました。

角栄さんは天下統一を果たすまでの秀吉と同様、どこか愛嬌《あいきょう》があって、人なつっこい。「人たらし」の名手でもあったと思います。

＊

『おんな太閤記』の前の年は舞台に出ていたんです。舞台というのは物語を凝縮していく。テレビは引き延ばしていく。だらだらと延ばすのではなく、緊張感を持続させつつ引き延ばしていくので、舞台よりむずかしいかもしれません。

なにしろ舞台とは桁違いに多い視聴者が相手です。子供からおじいさん、おばあさんまで見ている。『おんな太閤記』の放送開始後、視聴者から「面白い」という意見が多く寄せられ、心強かったですね。「おかか」という言葉に親しみを感じるといった意見も多く、「おかか、今帰ったぞ」なんて言葉がサラリーマン家庭で流行ったそうです。視聴率も三〇パーセントをこえ、僕なりの〝秀吉像〟をだせたかなと思いました。

秀吉も演じがいがありましたけど、じつをいえば数ある戦国武将のなかで僕がもっとも演じてみたかったのは徳川家康《とくがわいえやす》です。〝狸《たぬき》〟と呼ばれ、何を考えているのかわからない老獪さの持ち主で、二五〇年も続いた徳川幕府を打ち立てた人ですからね。戦略、知略にすぐれ、さまざまな顔をもった人物ですし、役者としてやりがいのある人です。

僕の思いが通じたのか、その後、民放のドラマで家康を演じることができましたけど。

秀吉に話をもどすと——高視聴率をとった『池中玄太80キロ』をやった後だし、視聴者はどうしても池中玄太の延長上で「西田秀吉」を見てしまう。でも、それでは面白くない。〝よし新しい秀吉〟をやってみようとフンドシを締め直す決意で、収録にのぞみました。

貧乏な家から出た秀吉が織田信長に気にいられ破格の出世をし、ついに天下統一をなしとげる。この話はみなさんご存じで、ドラマはその線にそって史実に忠実にすすむんですが、秀吉の正室のねねについては、文献や資料があまりないんですね。

秀吉はかなり筆まめな男で、ねねに当てた手紙が相当残っていて、手紙には秀吉の率直な気持ちがこもっています。橋田さんは、秀吉のねね宛ての手紙を主な素材にして、脚本を描かれたと聞いています。

ねね（北政所《きたのまんどころ》）役はベテラン女優の佐久間良子《さくまよしこ》さん、姉の〝とも〟に長山藍子《ながやまあいこ》さん、母の〝なか〟に赤木春恵《あかぎはるえ》さん、妹の〝きい〟に泉《いずみ》ピン子ちゃん、弟の〝小一郎〟に中村雅俊《なかむらまさとし》君と、ベテランを配し、家族のドラマを中心にダイナミックに展開していきます。

収録の現場の話をしましょう。

いいシーンがいっぱいありましたけど、一番記憶に残っているのは、秀吉の臨終《りんじゅう》のシーンですね。秀吉は臨終のときに枕元に諸大名を呼びつけて、遺言らしきものをえんえんと喋るんです。そのシーンのリハーサルを終えて、

「じゃあ、よろしくお願いします」ってことになって、ふとロール表を確認したら、撮りは明日じゃなくて明後日だ！　だったら今日、飲めるじゃないかと。明後日は橋田脚本独特の何ページもある長台詞を喋らなけりゃいけないので、前の日の「明日」は飲めない。で、その晩、飲みました。台詞は収録日までに覚えればいいやと思っていたもんで。

翌日、二日酔いでべろべろでした。ロール表を見て胸がドキンとしましたよ。その日が収録日じゃないですか。えっ！　うそ！　脂汗が出ましたよ。台本の頁を開くと、台詞がまだ、まだ、まだ続く……。

収録時間が迫っているのに台詞がまるで入っていない。焦《あせ》りましたよ。一心不乱で覚えようとしているのに、妹のあさひ役の泉ピン子が話しかけてくるんです。あのときほど、ピン子を

ひっぱたいてやりたくなったことはないですよ。

なんとか台詞を頭にいれてスタジオ収録にのぞみました。どうなることかと思っていたのですが……よかったんですよ、二日酔いが。なにしろ臨終の場で瀕死《ひんし》の状態です。見守る家族や重臣たちに、台詞を思い出し思い出し喋るので、息も絶え絶えな感じがよくでて、「とてもよかった」ということになったんです。まったく怪我の功名ですね。

全体を通して、それまでの秀吉像をくつがえす人物を演じられたと思います。作者の橋田さんにいわれましたよ。

「西田さん、あなた猿じゃないわよね、どちらかというとゴリラよね」まさにそのとおり。一瞬、高校時代、学校をさぼって上野動物園に直行して「無言の対話」をしていたゴリラのブルブルのことを思い浮かべました。じつは、僕（秀吉）が死ぬシーンについて橋田さんが、

「何かリクエストある？」とおっしゃってくださったんで、

「じゃあ、映画のゴッドファーザーみたいに死なせてください」といったんです。それで、菊の花畑のように庭に菊を植えてもらって、下等なミミズを手にして、命の大切さというか、ミミズが愛おしく思えるみたいなシーンを作ってもらったんですよ。それで、まあ、おかかの膝の上で死ぬんです。ゴッドファーザーも孫と遊んでいて、花畑でドドッと倒れる。ああいう感じで死にたいなと思っていたので、大満足で往生しましたね。

そのほか、アクションにしても〝猿のような〟身軽な動きは、腹の出た体ではできません。それで、橋田さんは脚本段階で、いろいろと考えてくださったんです。たとえば、戦闘で活躍したことを秀吉がみんなに語って聞かせるシーン。

ここは猿のようにすばしっこく城壁を上った話なんです。でも、映像が出てくると僕がずり落ちている。語っている事とじっさいは違うということなんかも、橋田さんは僕の体型を考慮してわざと面白くしたんだと思いますね。

現場のスタッフも、これまでの秀吉の一家にない独自の人物像を作って、歴史のうねりの中でどのように面白く表現しようか、知恵をしぼって、ほんとにみなさん一体となって作りあげてましたね。僕も〝木下藤吉郎〟から〝秀吉〟さらに〝太閤〟へと出世していくプロセスのなかで、自分自身がほんとに大きく成長していくような気分になりました。

*

一九九〇年の大河ドラマ第二八作目の『翔ぶが如く』（司馬遼太郎《しばりょうたろう》原作・小山内美江子《おさないみえこ》脚本）のときは、西郷隆盛をやりました。これは秀吉と違って、僕の太った体をそのまま活かせる役でした。西郷隆盛と大久保利通《おおくぼとしみち》。ともに明治維新の最大の功労者のドラマです。大久保利通は鹿賀丈史《かがたけし》君で、ダブル主役でした。

この話がきたとき、一瞬迷ったことを覚えてます。僕の故郷・郡山《こおりやま》は会津藩《あいづはん》の管轄ですから当然会津びいきです。会津の人間にとっては、明治維新で会津を徹底的にうちのめした薩摩《さつま》と長州《ちょうしゅう》は、許しがたい敵なんです。昔も今も。

会津藩のもとは徳川家康の孫にあたる保科正之《ほしなまさゆき》です。御三家ほどでないにしても、幕府の譜代大名で『賊軍《ぞくぐん》』の汚名をきながら薩長中心の『官軍』と果敢に戦いました。『戊辰《ぼしん》戦争』、地元では『会津戦争』といってますけど。

幕末、藩主の松平容保《まつだいらかたもり》は京都の守護職として京都の治安維持にあたったんですが、管轄下にあった新選組が、「勤王の志士」といわれた長州や薩摩の藩士を相当厳しく取り締まったんです。池田屋事件や蛤御門《はまぐりごもん》の変などで、長州藩士は徹底的にやられましたからね。長州藩としては、会津藩は絶対に許せない敵。ですから会津戦争は、いわば長州による会津藩へのリベンジだったんですね。

会津藩は白旗をかかげたんですが、長州軍は無視して戦いを続け、結果として会津藩士だけで三〇〇〇人もの死者をだしたんです。女子供にも多くの死者がでました。維新後も『賊軍』というレッテルをはられ、生き残った者も過酷なあつかいをうけました。それで、会津には未だに長州への恨みがあるんです。

長州の軍事の天才、大村益次郎《おおむらますじろう》を主人公にした一五作目の大河ドラマ『花神』（一九七七年、司馬遼太郎原作・大野靖子《おおのやすこ》脚本）に、僕は長州の山県有朋《やまがたありとも》役で出たんです。山県は維新後間もなく亡くなった大村益次郎にかわって、日本の陸軍を牛耳る人物です。このとき、郡山の友人たちから、「西田、なんでお前、山県なんかやるんだ」と批判されました。会津や郡山の人間からみると、山県有朋って、いくらドラマだからって一番やっちゃいけない人なんです。もう百何十年もたってるし、恨みや憎しみは忘れようという声はありますけど、足を踏んだ人は踏んだことを忘れても踏まれた方は忘れないんです。

僕が子供のころ、養父母も、「長州人は人にあらず」っていってるくらいでした。

官軍によって殲滅《せんめつ》された二本松少年隊のことを、二本松に住む爺ちゃん、婆ちゃんは、僕たち子供たちを集めて話すんです。「官軍のやつらは、竹槍で向かっていった少年隊を槍で突き刺して、突き上げたんだぞ」「へぇ～、婆ちゃん、見たのかい？」と聞くと、「見てねえけども、ずっといわれ続けてきただ」。そんな空気ですから、郡山の知り合いたちに僕はいちおう聞きましたよ。「今度、大河ドラマで西郷隆盛をやることになったんですけど、いかがなものでしょうか」そうしたら、

「西郷はいいよ、長州じゃなければいいよ」といわれました。

＊

『翔ぶが如く』は鹿児島県始良町《あいら》の重富《しげとみ》海岸でのロケから収録がはじまったんです。初日は海岸の砂の上を五〇メートルほど全力疾走して思いっきりジャンプして〝翔ぶ〟シーンです。

僕の演じる西郷は二〇歳、鹿賀丈史君の演じる若き日の大久保利通は一七歳という設定です。当時、僕は四二歳、鹿賀君は三九歳。年には勝てず、結局一〇回目の本番でOKとなったんです。

鹿賀君とは実質的に初めての共演ですね。どんなドラマでも初共演では、お互い声を出して台詞をぶつけてみて、初めて相手のフィーリングがわかるもんです。鹿賀君からは、すぐ感性の良さを感じることができて、これから一年間、お互い良いキャッチボールができるなと思いましたね。

ロケは昼間だけだったので、夜は当然お酒になりカラオケスナックに行きました。焼酎をかなり飲んで、歌ったりするうち、僕と鹿賀君の二人がステージにたって『白いブランコ』をデ

ュエットしたんです。ここでも気があいましたね。彼は芸大を目指してた本格派です。でも、本当は俗っぽい歌が好きなんだと、そのとき僕は思いましたね。

演技について鹿賀君と特に話し合ったことはないです。目と目を合わせて、今日はこのシーンをやる。お互いに、なんていったらいいのか、これからまた難題に取り組むぞ、みたいな思いはありました。

若いとき大久保と西郷はとっても仲の良い親友でしたが、やがて手ごわいライバルになり、西南戦争では〝敵味方〟となるワケです。当然、お互いの心の内を読み合ったり、探ったりのカケヒキがあります。でも、そういうことは、なるべく本番までとっておくような所が、暗黙のうちにお互いの心の底にあったという気がしましたね。

最後にすべて収録が終わったとき、僕は鹿賀君にいいました。

「ほんとに同志という感じになったね」って。

時代劇全体について、感じていることをちょっと話します。

今の若い人、特に時代劇に触れていない人が、時代劇の台詞を喋るのをみると、なんとなく、おさまってないというか、台詞が抜けていくというか、独特の今の言いまわしをスライドさせていくんですね。役者としては、そこをもうひとつ努力して勉強してもらって、見ている人が〝時代劇を見てるなあ〟っていう感じのものにならないかなと。

やっぱり、われわれの先輩たちが伝えてきた時代劇の〝節回し〟というのを、大事にして欲しいですね。江戸のあとの明治時代の口調にしても、そこには江戸時代の人の口調が残っていて、恐らく、これはじいちゃんの口調だなとか、口づてに伝わってきたものがあるんだと思います。そういう伝統の上に時代劇独特の口調ができあがったんです。月形龍之介《つきがたりゅうのすけ》さんとか山形勲《やまがたいさお》さんとか、東映の悪役の先輩たちはどこかの地方なまりはあっても、いくらフィクションであっても、自然と江戸時代にわれわれを誘《さそ》ってくれるものをもっていた。そう思うんですよ。

何をいいたいかというと、時代の雰囲気に観客や視聴者を〝誘う〟ということが、役者として重要なオプションだと思うんですね。今の若い人は、時代劇は初めてなんで所作《しょさ》とかに苦労してます、とかいいますが、それは形です。形は歌舞伎とか伝統芸能にいっぱい残ってますから、そこからいただけばいい。あとは口調とか、人柄です。

これは口に出した台詞から類推して映像が見えるぐらいのイメージに高めてもらいたい。自分のことは脇において、そう思うんですね。じっさい、時代劇なのに、アスファルトの上を歩いているみたいな感じじゃダメでしょう。土埃の中を歩いて一軒の家を訪ねてきたとします。途中でちょっとつむじ風が吹いて目にちかちか砂埃が入ったかもしれない、町人だったらね。そういうディテールの描写を大事にして欲しい。

これは映画に出たときの話ですが『武士の献立』で、江戸から加賀の国元に帰るシーンがあります。僕が演じる当主も嫁もよれよれになって国元にたどり着く。髪はめちゃくちゃ、顔も埃や汗で汚れている。それが自然なんです。

あれは、『釣りバカ日誌』の朝原《あさはら》監督が撮ったんです。江戸時代、普通に歩いて長旅をして、ようやく国元に帰ってきたというのに〝きれいなまま〟ってことはあり得ない。それは容易に想像がつくはずなんですけど。今は、長旅から帰っても、アイロンがかかったような装いをしている。すっきりとしたまま、「いま帰ったぞオ」といわれてもねエ。車で帰ったのかい？みたいなのはどうも感心しないですね。

品川宿《しながわじゅく》あたりで一泊して、出で立ちを整えてきれいにしてから江戸に入る、ということはあったようですが、国元の自宅に帰るんだったら、よれよれのままなんですよ。

劇画や漫画の世界だと、そういうのはちゃんとリアルに描いている作家もいるんです。実写版の時代劇を見ると、フィクションはフィクションとして楽しむところは楽しんでいいんですけど、ディテールはある程度リアルに考えなきゃいけないと思うんですね。そういうディテールを大事にしない映画は感動が少ないですね。僕の見た限りの話ですけど。『翔ぶが如く』のときもこんなことがありました。西郷隆盛が薩摩から江戸、江戸から京都、京都から薩摩と、人生のうち何往復してるかを考えると、ものすごい距離を歩いている。とんでもない距離です。でも、画面ではアッというまに舞台が変わって、江戸からいきなり薩摩になる。

その間に西郷隆盛は自分の足で歩いて移動しているワケですが、作り手がそういうことをイメージしているかどうかで、じっさいの役者の動きに影響してくる。合戦のシーンなどになると、リアルに汚しとかつけるけど、場所の移動については車で移動したのかい？　と思えるような衣装や髪になっていることが多いですね。

＊

西郷隆盛について、みなさんがよく知ってる西郷の肖像画がありますね。僕は『翔ぶが如く』であの肖像画にあえて似せようと努力しました。あれに近づきたいという思いで表から入っていくと、逆に中が見えてくるんですよ。

じっさいの西郷さんはあの顔ではなかったという説もあるし、西郷の実像はほんとはよく見えてないんです。でも、あの絵しか西郷隆盛のよすがになるものはなかったので、それをもとにまずは外面からも近づこうとしましたね。

一方、大久保利通の場合は、維新後の写真が残っている。鹿賀丈史君の大久保は、写真の大久保によく似てるなアと思いましたね。大久保利通があれだけ似るっていうことは、僕のやる西郷隆盛もみんなの知ってる西郷に似ていないと納得いかないだろう。視聴者も困るだろう。

そう思ってあえて扮装《ふんそう》から眉の太さまで、できるだけ細かく似せるようにしました。カツラを作るときも、職人気質《かたぎ》の髪結さんが西郷さんの似顔絵に近い坊主頭にするため、何度も僕の頭に当てて作り直して、近づけていったんです。

歩き方ひとつにしても気をつかいました。自分のイメージの中で西郷さんは決して内股で歩く人ではない。まっすぐ歩く人かもしれないけど、若干外側にとか、考えましたね。

西郷隆盛は、明治維新をなしとげ武士階級をなくそうとしたんですけど、どっかで武士道を捨てられない依怙地《いこじ》さみたいな物を持ってる人だと思うんです。いってみれば、ある種の頑迷な部分もあるタイプの人間ではないかと。だから、新しい時代になったからといって、大久保利通のようにうまく転換しきれない。変わりきれない。そういうところを、うまいこと表現できないかなと思っているうち、行き着いたのが、歩き方なんですね。若干外股で、どんどんと地面を踏みしめるようにして歩く。歩き方ひとつにも、時代を変えようとしたけど依怙地をすてきれない人間、西郷隆盛がでる。そういう結論に達して僕なりの〝西郷ドン〟らしさを表現しました。

西郷さんて、誰もがみんな知っているようでいて、ほんとは知らない部分があるんだと思います。そういうこともひっくるめた西郷さんの歴史的人生を、肉体を通して追体験できて、すごくやりがいがありましたね。

演じていて、あるとき僕は〝西郷山〟を登っていくような感じがしたんです。フラットな登り口があれば急傾斜の沢もあって、不思議な山でした。この西郷山の何合目まで登れたのか、よくわかりませんが。

鹿賀君とは、芝居のことで前もって打ち合わせをするようなことはなかったですね。すごいなと思ったのは、鹿賀君が大河以外に、ミュージカル『レ・ミゼラブル』の大阪公演をかかえていたことです。ミュージカルの稽古《けいこ》と大河の収録を、東京と大阪を行ったり来たりしてこなしてたんです。よくやれるなと思っていたら、案じていたようにバケツ一杯くらいの血を吐いたと聞きました。相当のストレスで胃をやられていたみたいです。僕も体力の限界ぎりぎりの詰まったスケジュールをこなしたことがよくありましたけど、あのときの鹿賀君はちょっと常軌を逸した仕事ぶりでしたね。

一度、大阪の舞台を見にいったんですよ。僕はミュージカルはあまり好きじゃないけど、ひたすら一所懸命やっている彼の思いみたいなものを目にして、胸を打たれました。それで、「同志よ、素晴らしい舞台でした」というコメントを残してきました。

あとで、鹿賀君から、「同志は同じ志《こころざし》ということ。同志といわれたことがすごく嬉《うれ》しかった」といわれて、僕も嬉しかったですね。

鹿賀君が倒れて休養中に、僕は奄美大島《あまみおおしま》へ四日間のロケに行きました。スタジオ収録が続いていたんで、自然の豊かな島でのロケは良い気分でしたね。

幕府の追及を逃れた西郷が奄美大島に逃げて隠れ住むという設定です。西郷の妻は体が弱いことを気にして姿を消してしまうんですが、西郷は奄美大島で島の娘を現地妻にする。その現地妻が石田えりちゃん。えりちゃんとは『釣りバカ日誌』で夫婦を演じているし、気心の知れた仲です。もうほとんど気分は「釣りバカ」になってましたね。

スタジオに回復した鹿賀君が現れたときは、スタッフ・キャストを代表して、僕が花束を手渡し、

「神様がちょっと休憩時間をくれたんだよ。顔色もよくなったし」といいました。

＊

大河ドラマのような長いものになると、相手役と毎週のように顔を合わせますよね。そうすると、その役を通じて非常に人間的な絆《きずな》ができるんですね。一年間も同じドラマを続けるうちには、正直いって苦しいことも嫌《いや》なこともありますが、強い絆がいくつもできると、それだけ

で疲れも嫌なことも吹き飛んでしまいます。

このドラマを通して学んだことがあります。志をもった人間が、新しい時代を作る場合、当然、抗《あらが》うものがでてきますね。大きく変えようとすればするほど抗う力も強くなる。でも、それに負けずに、逆らうものについて一つひとつ妥協したり、突っぱねたり、理解させたりして、問題を整理していく。そうすることで新しい時代の風が吹いてくるんですね。

新しい風を吹かせるには、ものすごいエネルギーと粘り、忍耐力、行動力、説得力などが必要になります。歴史の節々にそんな人の起こした風が吹き、やがてうねりとなって歴史を作っていくんだなアと。

ドラマとはいえ西郷隆盛を演ずることで、日本の歴史の転換点を、身をもって生きたという実感さえ覚えましたね。西郷隆盛役の僕ばかりでなく、大久保利通役の鹿賀君もともに感じたのではないかと思います。大河ドラマって、いつも人間について、人間の作り出す歴史について、肌で学べるんですね。

単発ドラマや映画とは違った、一年間連続の大河ドラマならではの果実を、大河にでる度に手にしました。これだけの大役をこなすと、役者をやっていてよかったなアとつくづく思いますね。

大河の収録の最後は『釣りバカ日誌3』と重なりました。西郷隆盛をやるため四キロくらい太ったこともあって、ハマちゃんのアップにときどき〝タカモリちゃん〟してるかなってところもあってね。でも二人の落差がとても楽しかった。

ハマちゃんとタカモリですよ。性格も社会的地位も、やることなすこと、天と地のようにまるで違う。こんな大きな落差を味わえるのは長い俳優生活でもそうそうあるものじゃありません。機会をあたえてくださった関係者に感謝、感謝です。そうそう、あの年の最後はNHKの『紅白歌合戦』に出たんです。なんとなく候補になってるらしいことは知ってましたけど、じつは正月はゆっくりしようと思ってたんですよ。でも、話がきてから今年は大河ドラマでNHKにはお世話になったし、この際、徹底的にNHKとつきあってみるかと切り替えました。

大晦日の午後七時二〇分からたっぷりと四時間二五分。女優の三田佳子《みたよしこ》さんとのコンビで司会をやりましたよ。三田さんは相当緊張されてたようですが、僕は生来いい加減なところもあるし楽天家なので、出たとこ勝負の気分でしたね。

「歌手・西田敏行」としても『もしもピアノが弾《ひ》けたなら』を歌うことになりました。昭和五六年に同じ『もしもピアノが弾けたなら』を歌ってから三度目でしたね、紅白への出場は。

三度目は司会に徹しようと思ってたんですが、歌うことになって。歌うとなると、衣装もそれなりに用意しなければならない。ま、でも、多くの人に喜んでもらうのが僕の役者としての生き方ですから、いつものように僕自身が楽しみながら、視聴者に楽しんでいただくよう最大限の努力をしました。

第九章　西田式役者術のヒミツ

五〇年もの俳優人生を振り返ると、よくもまあこれだけいろんな役をこなしてきたなアと、自分のことながら驚きますね。

「運も才能のうち」なんていわれますけど、僕の場合、人との出会いに恵まれていました。仕事の上でもプライベートでも、チャンスや活力、やる気を鼓舞してくれる人と、たくさん出会えたってことが、今の自分があることの、ほとんど全てといいたいくらいです。

もちろん、持って生まれたものもあるでしょうけど、人にしても作品にしても良き出会いがなければ、良き果実は実らないですからね。

あのとき、あの人と出会わなかったら、自分はどうなっていただろうと思うと、本当に僕はラッキーであったと思います。『写楽考《しゃらくこう》』という、まるで僕のために矢代《やしろ》先生が書いてくださったような台本があり、青年座の俳優の台さんやプロデューサーの金井さんをはじめみなさんがバックアップしてくださったからこそ、評判をとることができたんです。

その舞台をたまたまご覧になったNHKのプロデューサーの竹内さんが、僕の芝居を評価して朝の連続テレビ小説『北の家族』のレギュラーに抜擢してくださった。それがきっかけでテレビドラマと深い縁をむすぶことになりました。

竹内さんプロデュースの『新・坊っちゃん』で脚本の市川森一《いちかわしんいち》さんと知り合い、さらに柴俊夫《しばとしお》とも知り合い、その縁で松崎《まつざき》しげるとも親友になり……と鎖のようにつながって、〝西田敏行ワールド〟とあえていわせていただく世界を、一歩一歩築いてこられたのです。

家族にしても同じです。『写楽考』の舞台を嫁さんが見に来てくれた。それが縁のはじまりですからね。お前みたいな短足胴長でハンサムでもない男が、どうしてつぎつぎ主役を演じて、バカ忙しくやって、おまけにプロの歌手でもないのに、歌をヒットさせ『紅白歌合戦』にまで出られるのか。そこにどんなヒミツがあるのか、知りたい……といった質問をされたこともあります。

僕としてはただ与えられたステージで、そのときできることを精いっぱいやっただけ、と答えるしかないですね。新劇出身ということになってますけど、いわゆる〝新劇くささ〟は僕の採るところではないですね。

とにかく多くの人を喜ばすこと。

この一語につきますね。仕事でも酒の席でも、人をあきさせない、楽しませたい。人を楽しませることによって、自分自身が楽しめるんです。子供のころからそんな性格であったと記憶しています。ですから、自分は〝大衆演劇の役者〟であると。それを忘れないよう肝《きも》に銘じてきました。

どうしたら、みんなに笑ってもらえるか、面白がってもらえるか。それを第一に考えて、アドリブも連発してきました。ただ、いわゆる〝お笑い〟とは違いますね。歌にしてもいわゆる〝プロ歌手〟とは違う。あくまで〝役者〟であるというスタンスは崩しませんし、崩せないんです。

＊

演劇評論家・演出家の石澤秀二《いしざわひでじ》さんが『悲劇喜劇』（一九七八年）で、僕のことをこんなふうに書いてくださっています。

「（西田は）天性のその資質を活かす領域がテレビドラマよりもショウの司会や即興的な歌唱面で発揮されているようだ。たとえば土曜ヒルを彩る『ハッスル銀座』のホスト役とか加山雄《かやまゆう》三《ぞう》の〝若大将〟と並ぶ〝カバ大将〟ぶりなどである。［……］眉目秀麗《びもくしゅうれい》、秀才長身のいわゆる都会的センスに恵まれたインテリ風二枚目の面影は西田のどこを探してもない。それどころか地方人特有のコンプレックスを丸出しにし、小太りのずんぐりむっくりで鈍才の善良さと滑稽《こっけい》さをたたえた庶民的道化ぶりが彼の持ち味であり、武器である。［……］画面に映る西田は人なつっこく小心である。ホスト役としてゲストに対する心づかいがありありと見える。それはショウマンとしてのサーヴィス精神そのもののように見える。大衆の人気を一身に集めたような美人スターには、おずおずとへりくだり、自分もファンの一人としてのはにかみやアイドルに出会った喜び、有頂天ぶりを率直に、多少の軽薄さを籠《こ》めてオーバーに表現する。そして絶えず相手を仰ぎ見るようなまなざしを送る。自分の不格好を意識し、コンプレックスを秘めながら、逆にそのコンプレックスを売り物に変える」

なるほど。こっちの顔が赤くなるくらい、僕の本質をついているなアと思いますね。

ここで正直にいっちゃいましょう。僕はテレビに出て食えるようになったことに、すごく感謝してます。ふところ加減が変わり、屋台で飲んでいたのが焼き鳥屋に昇格した。〝たかが飲み屋というなかれ〟です。こういう些細《ささい》なことが精神状態におよぼす変化って、案外、芝居にも大きく影響するもんなんですよ。

ささやかでも豊かなほうがいい。理想だけではどうしようもないんです。

名もなく出世もしない、釣り好きだけが取り柄みたいなサラリーマンのハマちゃんを演じる一方で、太閤秀吉《たいこうひでよし》や天下の徳川将軍・吉宗《よしむね》を演じたりもするワケですから、実生活でも〝貧乏〟と〝小金持ち〟くらいは体験しておいて損はないと思うんです。

テレビって、俳優の〝実生活〟がかなり素直に画面に出ますからね。貧乏人でも金持ちでも善人でも悪人でも、バカでも利口でも、その役が面白く魅力的なら、時間の許す限りひきうけてきました。どんな役がきてもこなせるよう心身を鍛えておく必要があるんですね。僕はもっぱら酒で鍛《きた》えすぎで、それで病気になったりして関係者のみなさんにご迷惑をおかけしましたけど。

自分のことはさておき、役者ってすごいなアと思ったことがあります。ハリウッド映画であったか、ある女優が娼婦役を演じるためにじっさいに娼婦を体験するんですね。今村昌平《いまむらしょうへい》監督のカンヌ映画祭のグランプリをとった『楢山節考《ならやまぶしこう》』では、姥捨《うばす》てにあう老婆役の坂本スミ子さんは、まだお若いのに〝老婆〟になりきるため前歯を抜いてしまったんです。三國連太郎《みくにれんたろう》さんも役のために歯を全部ぬいて入れ歯にしてました。

僕はそこまで徹底できませんけど。それが本物の役者というもんかと、先輩たちのそれこそ〝骨身を削って〟チャレンジする姿勢に感動しましたね。

役者は〝演じる〟のが仕事ですが、僕にとって演じるという行為は、自分を露呈《ろてい》するということにつながっているんです。演じることによって、自分をなるべくデコレートして隠していくタイプが一方にあります。僕はそのタイプじゃあなく、演じれば演じるほど自分をさらけ出してしまう。つまり露出狂的演技なんですね。

演じる者を大きく二つにわけると、アクターとコメディアンとに分類できると思います。アクターというのは役に自分をすり寄せていくタイプ。このタイプの俳優は、たとえば『ノートルダムのせむし男』をやるとすれば、家でもノートルダムの男のように歩いたりする。殺人鬼の役をやると、目つきがふっとおかしくなったり、エッチな男だったら絶えず女の人をさわったりなんかする。

一方、役を演じることで、どんどん自分が露呈されていくのが、コメディアンだと思っています。僕は役者ですけど露出狂的演技なんで、コメディアン系なんですね。それからもうひとつ。演技をするにあたって、なるべく演じないように演じる。ややこしい言い方ですが、それを心がけてますね。

わかりやすくいうと、作った演技じゃなくて、自然に自分の中からわきでてくる演技といったら近い意味になるかな。それができているか、いないかをチェックするもう一人の自分が左脳のあたりに見えてくると、あ、いけるかなと。もうしめたもので、演じないように演じて、それで自分が楽しくなってくるし、その楽しさが自然に見ているお客さんに伝わっていくんじゃないでしょうか。

＊

目標にしてきた役者を一人あげるとしたら、ハリウッドの映画俳優のジャック・レモンです。彼はコメディアン系要素をもったアクターといったらいいでしょうか。僕は子供のころから映画をよく見てましたけど、高校二年のときに見た映画『アパートの鍵貸します』のジャック・レモンの演技に強く惹《ひ》かれて、ああジャック・レモンになれたらなアって何度思ったことか。ジャック・レモンは監督のビリー・ワイルダーと組んで傑作コメディを何本か作っています。あとで触れますが、脚本家であり映画監督、舞台演出家でもある三谷幸喜《みたにこうき》さんも、ビリー・ワイルダー監督やジャック・レモンに憧《あこが》れていたそうです。三谷さんの映画に僕は何本も出てますけど、ビリー・ワイルダーから相当影響を受けているとわかって、ものすごく親近感を覚えましたね。彼とはジャック・レモンやビリー・ワイルダーを通じて根底でつながっていると思います。

じっさい、シャーリー・マクレーンと共演した『アパートの鍵貸します』なんて、コメディの中のコメディ、いってみればコメディの模範みたいな映画ですね。あの映画を見たあと、僕も〝アパートの鍵を貸す相手〟を早く探さなくちゃと思ったくらいです。

ですから僕の演技の質感みたいなものは、かなりジャック・レモンに影響されているはずです。ジャック・レモンは喜劇も悲劇も両方できるし、ほんとに素晴らしい俳優です。ハーバード大を首席で出てる秀才なんですよ。そのへんが僕とはまるで違いますけどね。

僕はサービス精神が旺盛だとずっといわれてきました。役者には人に見てもらいたい、認めてもらいたいという気持ちがどこかにあるわけで、そのためにサービス精神を発揮してきたんじゃないかなと思います。逆にサービス精神をなくしてしまったら役者はおしまいだと思うんです。役者はいってみれば〝第三次産業〟、つまりサービス業ですからね。

昔、安部徹《あべとおる》さんっていう僕の大好きな先輩役者と話す機会があったんですよ。

「俺はもう入れ歯だし、言葉もはっきりしねえしよオ。もう駄目だよ」なんて安部徹さんはいうんです。本当に歯は総入れ歯だし、頭は全部白くなっちゃってるの。あとはもう、なにかくる仕事をチョコチョコやってますよって感じなんです。

僕にとっては、中高生のころ映画館で見た、あの悪役で鳴らした安部徹ですよ。その安部徹さんとずっと一緒にカラんで芝居やったことがあるんです。そうしたら、あの大ベテランが、いっちょうまえにアガってNGの連続。本番のカウントが、

「5・4・3……」って出されると、まるで新人俳優みたいにあがってしまう。ああいう先輩をみると、もうたまんないよね。ほんと愛おしくなって抱きしめたいような気持ちになりました。

そのとき、思ったんですね、これが俳優・役者であると。あの人も、テレビっていう媒体を受け入れたときに、いろいろ悩んだり考えたりしたんだろうけど。役者って、所詮《しょせん》そんなもんなんですね。森繁《もりしげ》さんみたいな生き方のできる人って、もう五〇万人に一人ぐらいですよ。名前を知られるようになって、自分は役者だ、俳優だ、タレントだといっても、まあ浮草稼業《うきくさかぎょう》だ

しねえ。その〝稼業〟というものも、お呼びがかかるかかからないかは、他人が決めるもんだし……。

すごく不安定なもんです。僕だってそうですよ。公務員や大企業勤めのサラリーマンのような安定したところとは違う場所にたってます。もうかなり前のことですけど、ドキュメンタリー関連の番組の取材で北海道へ行って、いろんな漁師に会ったんですよ。稚内《わっかない》から利尻島《りしりとう》に渡って、会ったのはコンブを採ってる野村さんていうオヤジさん。野村さんはコンブ漁の旗をあげ、はち巻して漁に出てコンブを採るんです。

コンブを採る作業って、想像していたのとは違ってすごく迫力があって男っぽいんですよ。野村さんには一九の倅《せがれ》がいるんです。彼は髪の毛を部分的に前のところだけ金髪に染めちゃって、一見暴走族みたいなんです。陸《おか》にあがった彼と話していると、ヘラヘラして腰がねえなって思ってしまう、そんな青年なんです。

ところが、彼が船に乗ってオヤジと競争してコンブを採りはじめると、とたんに顔つきが変わる。すごく凜々《りり》しくて陸にいるときのヘラヘラ感がまったく消えている。僕はそんな変貌《へんぼう》ぶりを見て、もうOKって感じがしたんですよ。ああ、こいつは生きてる。勝負してる。もうそれでいいじゃないの。他人から人生をとやかくいわれることってあるのかって思うくらいお見事でした。親子のコンビネーションも含めてね。

ところが、陸に上がってくると、オヤジは倅にいうんですよ。

「まっだ、まだ、これなんて、ひよっ子だよ」

〝ひよっ子だ〟っていわれた倅のリアクションが、「実に、そうなんだよ。オレはまだオヤジには勝てねえよ」っていう顔なんですよ。僕はこの親子に感動しましたね。一九の息子は、船の操《あやつ》り方、コンブの採り方、風向きを見る勘、どれひとつとってもオヤジにはかなわない。それを素直に謙虚にうけとめてるんですね。長くこの仕事をやってきたオヤジを尊敬して、なおかつオヤジの〝仕事ザマ〟を、この目で見て覚える。そして、オヤジに負けまいと一所懸命ツッパる。でも、勝てない部分てのがあることを、わかってる。

オヤジが、「コイツはまだひよっ子だからア」といったとき、倅がフッと首をうなだれて、頭を下げるんですよ。都会に住む父と息子の間じゃ、普通考えられないですね。

第一次産業の人って、特に漁業にたずさわっている人って、そういうところで生きてるんです。

彼ら親子を見ていて僕は思ったんですね。きれいだなあ、美しいなあって。そして第一次産業には俺ら第三次産業は絶対かなわないとあらためて思いましたね。第二次産業の工業ってのは、よくわかんないんですが。もしかしたら、祭りと、実りと、豊作と、豊漁があれば、人間って基本的に生きて行けるんじゃないかって。つまり、第一次産業と第三次産業は必要なんだけれども、第二次産業ってそんなに必要なのかなあって思いましたね。

第一次産業の現場に身を置いてみると、科学とか工業っていうのは人間と人間とのふれ合いみたいなものを、阻害してるっていうか、はっきりいってしまうと邪魔してる、と感じてしまうんですよ。

われわれは科学や工業の良い面ばかりを見せられて、人類の未来は明るいなんて〝希望〟を抱かされて、多くの人がそうだ、そうだって思ってきたわけです。ところが、二〇一一年の東日本大震災で第二次産業の〝未来〟ともいうべき原子力発電がメルトダウンした。あんな大事故を体験すると、あのとき北海道で感じたことってとっても意味があることだとあらためて思いますね。

動物的勘で感じたことって、僕は大事にしたいんですよ。今も福島原発事故の影響で故郷の土地から締め出されている福島県人が大勢いるわけです。第一次産業と第三次産業だけがあればいいなんて、ま、極論で、現実には第二次産業ぬきに社会はまわっていかないんですが、第一と第三にこそ何か未来への希望がこもっているような気がするなア。

＊

すでに触れましたが、僕は自分を〝アクター〟ではあるけれど、ジャック・レモンの影響をうけたこともあって、〝コメディ系のアクター〟と思ってますね。

ところで、コメディ志向の役者にはある種マゾヒズム的なところがあるんです。どういうことかというと、他人を笑うんだったらまず自分が笑われなければという気持ちがある。ただ、最近のバラエティ番組には人を攻撃して笑いをとるといったことがあります。そこが、品の良い笑いと下品な笑いの境目じゃあないかと思います。

人を攻撃する笑いは見ていて陰惨な感じがします。学校のイジメっ子による村八分と変わらないですね。テレビの文化が学校のクラブ活動の延長のように、子供じみてきているのも、ちょっと気になります。〝あなたは役者だけど私はお笑いだから〟みたいな卑下《ひげ》の仕方をする人が、ときどきいますけど、アレもすごくイヤですね。自己卑下する人は、他人に笑われることがストレスになって、それを貯めこんじゃうんじゃないでしょか。芸人がお客さんに笑ってもらい、喜んでもらう。それがストレスになるはずはないと思うのですが。

最近は、役者に限らず、他人を笑うことには平気でも、自分が笑われることをすごく嫌う人が多いんですね。どうも、全体に人間が画一化されてきていて、自分のモノサシ、それも狭いモノサシにあわないと、異端者としてあざ笑ったり、排除したりする。腹が出てたり顔が大きかったり頭がはげてたりする役者が、差別の対象になってくるんです。

それで、どの役者も同じようにスマートなヤツばかりになっていく。スマートでイケメンばかりになったら、だいいち面白くないじゃないですか。幸い、そうじゃないジャガイモみたいな若い役者も出てきて、ほっとしますけどね。

僕は〝今の若いもんは〟なんて言い方は絶対にしないぞって、ずっと思ってきたんです。でも、年なのかな、いつの間にか〝絶対にいわないこと〟をちょっと口に出したりする。ま、僕も矛盾の塊《かたまり》の人間の一人なんで、そのあたりは許していただきましょう。

僕は外で仲間と一緒に酒飲んでワーッと騒ぐのが大好きだけど、それでも渋い酒っていうか、ツライ酒もありますよ。本当にシンドいって思えることは嫁さんにもいえない。深夜、家族が寝静まったころに帰って、おもむろにウイスキーをだして水割りを自分でつくって飲みながら、「なんだってんだよ、バカヤロー」とか一人でブツブツいいながら飲む酒もありますよ。ツラいっていうのは、はっきりいって人間関係ですね。役者って商売は一人じゃできない。何人もの人間が絡みあっている。舞台の場合が多いのですが、自分がいつも確信をもって演技をやれるもんでもない。相手役の息とか呼吸とか、そういうものが全部こっちのものと絡まってくる。

俺はこういうふうにやりたいんだって強く主張するタイプの俳優さんがいる。その人なりに台詞《せりふ》をはっきり覚えてきちゃって、もうこれ以上余計なことされたら自分の芝居はできなくなっちゃう。よくいえば真面目なんでしょうけど、融通のきかない俳優さんですね。

一方、僕みたいな体質の役者は、一人で家で台本《ホン》をひろげて覚えてくるなんてことは、まず信じられないわけです。じゃあ、どこでどうやって台詞を覚えてんのかっていうと、僕自身でもわかんないところがある。相手役がこういうふうに動いた。こういうふうに喋った。こういう音のとこで台詞をいうってことがわかって、初めて自分もこういうふうにできる……。

僕はそういうタイプの役者なんですよ。台本を無視するワケじゃないんです。

僕なりにどうしたら面白くなるか一所懸命に考えるんです。でも、家で一人で台詞を一字一句しっかり覚えたりはしない。

人間が本当に集中できる時間って、二時間が限度だと思うんです。だから、二時間だけはもう徹底して集中する。稽古《けいこ》をやりながら自分の動きを添えたりする中で、言葉や動きを合わせていく。主に舞台のことをさしているんですが。

よく先輩からいわれたことで記憶に残っていることがあります。

《台詞は一度覚えて、それから忘れろ》って。

確かにそうなんですね。相手が喋ってるときに、次の台詞のことを考えてて、目がとんでるような俳優さんているんですよ。目がとんでるから、こっちもやりにくくてしょうがない。相手のいうことに反応して喋るから〝会話〟っていうのが成り立つわけでしょ。なのに、自分の次の台詞のことをしっかり覚えていて、それをどう喋るかに神経の大半がいってしまっている。

シナリオとか脚本とかを書く人は一人で会話してるんですよね。書きながら一人で会話してる。登場人物のなかのお互いの会話の中の、お互いの流れが、すでに頭の中でできあがってるわけです。それをじっさいの芝居では、別々の人間に会話をさせる。そこに面白さがあるんです。脚本そのものも、ひとつの芸術だといえるかもしれないけど、それを板《いた》の上に乗っけることによって、まあ、よくいうんだけど〝拡大再生産〟して、それでまた新しいものができあがっていく、それが生きた芝居だと思うんですよ。

家で台詞をきっちり覚えてきて、もう立ち稽古からなにから全部計算できる俳優さんて、真面目で立派だなあとは思うけど、そういう真面目さっていうのもねえ……。

役者って仕事は、真面目であることが本当にいいことなのかどうか、わかんないですよね。不真面目も大事。不真面目のなかに真面目さがあったり、真面目さの中に不真面目があったり。そういうものが重層的に絡みあって〝劇的空間〟を作っていく。だから、芝居って面白いのかもしれないなぁ……。

役者というものについて、僕なりの解釈はこうです。『写楽考《しゃらくこう》』で舞台にたってから今までずっと僕は自分が役者というアンダーシャツを着て、役者というセーターを着て、役者というコートを着てる感覚なんです。着てるものを何枚脱いでも、まだ役者という服を着ている。

もっといえば、裸になってもまだ役者という肌がある。それが役者という稼業であるし、業《ごう》であると。

＊

僕の〝役者人生〟を振り返って、ターニング・ポイントといいますか、大きな転機になったのは、やっぱり病気ですね。二〇〇三年三月、五五歳のとき、それまでの無理がたたって心筋《しんきん》梗塞《こうそく》で倒れました。雨降りの寒い日であったことを覚えてます。

前兆はあったんです。ちょうど、所属していた青年座の公演をひかえていて、連日稽古で疲れていたんでしょうね。発作に襲われる二、三日前から、気持ちがどんよりしていてどうも弾《はず》まない。稽古にもうまく乗れないし、好きな煙草《たばこ》もまずい。仲間と気晴らしに飲みにいっても楽しくないんです。

倒れたのは稽古が休みの日でしたけど、家で本を読んでもテレビを見ても、つまらない。鬱《うつ》の症状かなと思っているうち、いやな汗がでてきて息が苦しくなったんです。夜の九時ごろでした。発作が起きて心臓の動悸がどんどん高まっていく。血液がうまく流れず、水道管が破裂したようになったらおしまいだって、そのプロセスが自分でわかるんですよ。同時に体って単純なもんだなと思いましたね。血液がとまっただけで命に関わるダメージがある。

「オレの命日は今日かよ」と、本当に思いましたね。瞬間脳裏をよぎったのは、

「なんの準備もしてないじゃないか、オレ」でした。死が怖いというより、

「オレ、半端じゃないだろうか」という思いなんですね。同時に子供のころ養父母からさんざん教えこまれた「ひとに迷惑をかけないように」という言葉が思い浮かんだんです。

何をやってもいいから、ひとに迷惑をかけることだけはやるな。養父は昔気質の真面目一方

の人でしたから、そういう信条で地道に生きてきたし、自分の息子にもその精神を貫いてほしい、と思っていたんじゃないのかなア。

病気をすると、暇な時間があるので、来し方ゆく末を思い浮かべたりするんですね。五五年の間にはもっと哲学的なこととかいろいろなことを学んだはずなんだけど、死の瀬戸際にいって思い浮かんだのが「人に迷惑をかけない」でした。すぐ思いましたよ。

「オレ、誰かに迷惑かけてないだろうか。不義理している人はいないだろうか」

けっこう冷静に考えている自分が自分で不思議でしたね。それと、自分はもう死ぬんだと思う一方で、死を迎えるときは、こんなふうにメンタルな部分に来るのかと、どこかで客観的に自分を見ていたこと、はっきりと覚えてます。

病院での治療の結果、なんとか一命はとりとめたものの毎日が「死ぬか」「助かるか」の状態ですから、いやでも生と死について考えてしまう。それまで僕はどこかで自分は死ぬはずはないと思っていたんです。人間だからいつかは死ぬにしても遠い先のことと考えていたんですが、意外と近いところに死があるんだと知って、家族に対する見方も変わりましたね。

まず思ったことは「家族がいてよかった」ということです。自分は家族がいるおかげで楽しい思いをしたり、生きていけるんだと、つくづく思いました。そして達観とまではいかないまでも、自分の人生を俯瞰《ふかん》して見ることができた結果、

「人間て愛しいなあ」と心底思えるようになったんですね。変にニヒリスティックではなくなったんですよ。死という存在が身近にあると知ったからこそ、人の感情や愛が見えるようにな

ってきたんでしょうかねえ。

じつは病気を境に、芝居が以前より楽しくなったんですよ。人間に対して俯瞰することができるようになった分だけ、役に対する見方が深まったような気がするし……深まったなどというと、ちょっとおこがましいかもしれませんが、とにかく以前より楽しみながら演じられるようになりました。

それまでは、「見る人をうならせてやる」みたいな功名心の強い演じ方を好んでいたような気がするんですが、そのあたりが変わりました。今では、役をどう咀嚼《そしゃく》して、どういうふうに演じようか、演じることによって、どう自分が納得できるか、というほうがメインになってきたんです。先輩たちにいわせると「枯《か》れてきたんだよ」ということなのですが。

役者は、人間を突き詰めていくのが仕事だと思います。人間って、なんだろう。それをいつも、考えていなくてはいけない。言い換えると、自分とは何者なのかという問い詰めをし続けなくてはいけない。それに尽きると思います。

これから先、一つひとつの作品が、若いころよりずっと大事になります。じっさい、あと何年、現役の役者でいられるかというと、そうたっぷり時間があるわけではない。そのことも含めて、死ぬときに「やり残したことはまったくない」とまではいかなくとも、「大丈夫だね、もう逝《い》っていいかな」というところまでは、自分をもっていきたいと思っています。

＊

辛い話になってしまったので、話題をかえます。僕はテレビと映画の両方に出てますけど、その違いは何かって聞かれると——そうですね、まずテレビはタダですけど、映画はお金を払って見に行くというのが違いますよね。

寝てる奴を起こして釘付けにさせてやるぞ、くらいのモチベーションはテレビでもあるんですけど、映画はちょっと違います。家を出て、時間とお金をつかって、お前の作品を見に行ってやるぞ、とお客さんは思っているわけですよ。役者としてお金をいただく以上、そういうお客さんからのプレッシャーはかなりあります。

テレビから映画に進出して成功する役者さんもいますけど、テレビでやってたほどの輝きがなく、そのうちダウンしちゃうケースもありますね。脚本ひとつとっても映画とテレビドラマでは違います。テレビだとちゃんと見ていない人もいるので、くどいように丁寧《ていねい》にわかりやすく書かれているでしょう。映画はちゃんと見てるお客が前提ですから、省略や飛躍があります。ワンカットにものすごい意味があったりするんです。

それと、僕自身はあまり意識していないんですが、映画とテレビでは現場の空気が違うんですね。テレビの場合、カジュアルでいいですから、ともかく下着だけは着けておいてくださいね、という感じです。映画の場合は、ちょっとすみませんが、今回スッポンポンで来てもらえますかというときもあるし、しっかりネクタイを締めてフォーマルで来てください、あるいは、和装で来てくださいませんかとか、しっかり自分の中で規定される感じがありますね。

撮影のテクニックでも、テレビの場合はオンエアも差し迫って参りましたので、一気にとっちゃいますということもあるし、俳優さんのスケジュールがないので、このワンシーンはワンカットでやらせていただきますとか、多分に〝流れ作業〟という印象です。

映画の場合は非常に意図的なカット撮りをします。これはどこにはめ込むシーンですか、と聞いても、監督は編集の段階で決めたいと思いますという。いろんなカットを撮っていて、中にはどこでどう使うのかわからない不可思議なカットを撮ることもあります。

僕の見るところ、そういう不思議なカットを撮る監督は、だいたい優れた作品を作りますね。つまり役者が読み切れないものを含んでいる作品といっていいでしょうか。

どこでどう使われるかわからない不思議なカットでも、作品が完成して試写などで見ると、わあ、そこで使うのか、こういうことだったのか、と種明かしがわかるみたいに納得させられるんです。そういう作品はたいてい完成度が高いですね。

僕は気が多いのか、テレビはドラマ以外の番組にも出ています。たとえば『探偵ナイトスクープ』。関西ローカルで大人気の番組です。上岡龍太郎《かみおかりゅうたろう》さんのあとを受けて、二〇〇一年一月から毎回〝局長〟として出ているんですよ。この番組は取材してきたいろいろな人の人生に触れて局長としての意見、感想をいうんですが、すぐ涙がでてしまって、今やこの番組は、僕がいつ、いかに泣くかが期待されているんです。

嘘泣きなんかまったくしてません。本当に、いつも申し訳ないくらい泣いちゃうんです。人目もはばからず大粒の涙をこぼします。泣きのツボがいろいろあるんですよ。そのツボをポンと軽くプッシュされただけで涙腺《るいせん》が一気に緩《ゆる》んじゃう。

体がそういうシステムになっているんですね。演技で泣いてたら、すぐバレちゃう。テレビって、ドラマはともかく、情報番組やバラエティなどは〝素《す》〟が出ますからね。その人の内面まで容赦なく映し出すんです。怖いといえば怖いです。

長年テレビとつきあっていて感じることですが、マインドが開いていないと、感情は表に出てこないんです。人前で泣くことに気恥ずかしさを感じる人はけっこういますけど、笑うことと同じで、泣くってことはかなり大事なんじゃないでしょうか。

僕が子供のころ『二十四の瞳《ひとみ》』を映画館で見ていると、〝先生〟なんて台詞を聞いただけで、どっかのお父ちゃんがワンワン泣き声をあげはじめるんです。それにつられて思わずこっちも泣けてきて、しまいには映画館全体が泣いてました。子供のころにいろいろとそういう時間を共有したことで、うまい具合に情操が育《はぐく》まれたって気がしますね。

部屋に一人でいて、〝今ちょっとジーンときたね〟と感じるような経験とは、スケール感が全然違うわけですよ。アナログチックですけれど、みんなで一緒に泣くのはすごく〝かっこいい泣き方〟だと思うんですね。

そうそう、泣くことといえば——中国の雲南省の大理という所に仕事で行ったとき、勧善懲《かんぜんちょう》悪《あく》のカンフー映画を見る機会がありました。敵を待ち構えている主人公を、後ろから狙っている人が出てくる。そのときです。僕の後ろに座っていたおじさんが突然立ち上がって、中国語でなにかを叫んだんです。どうも敵が迫っていることを必死に訴えてるんですね。本気なんです。

おじさんの訴えてる姿を見て妙に感動しちゃいまして、僕は一人でくう〜っと泣いてしまいましたね。おじさんはずっと立ち上がったまんま。気持ちが完全に映画の主人公に寄り添ってるんです。その姿を見てて〝人間って愛おしいなあ〟と思い、また涙がでてくる。端から見たらワケがわかんないでしょうね。〝なんであんたがそこで泣く必要があるのよ〟って。でも、泣けるんです、ごく自然に。

それが暗い映画館で見る映画の良さだと思いますね。ま、紋切型の言い方ですけど、映画は映画館で見てほしい。映画館という暗い非日常のなかで見るからこそ、現実を一時的にでも離れることができて、別の世界を「生きて」「遊べる」んじゃないでしょうか。

第十章　憧れの吉永小百合さんとワクワクドキドキ共演

忘れもしない昭和五八年一一月某日、大河ドラマ『山河燃《さんがも》ゆ』を収録中のNHKのスタジオの近くで、僕の青春の憧《あこが》れである女優さんに偶然会ったんです。女優さんは僕に向かって深々と頭をさげられ、

「吉永《よしなが》です。今度、ご一緒させていただきます」

僕は心臓が激しく脈打ち、もう絶句です。だって、あの吉永小百合《よしながさゆり》さんなんですから。

昭和三五年、ニキビ顔の少年の僕にとって忘れられない映画がありました。郡山《こおりやま》の映画館で見た日活制作の『霧笛《むてき》が俺を呼んでいる』です。そこに吉永小百合さんが出てたんですよ。胸がキュンとしました。でも、はるか遠くの手の届かない方です。映画館からでてきて現実の風に触れると、すごく切ない気持ちになったことを覚えてます。

そんな「雲の上」のような小百合さんと共演できるなんて、話がきたとき、これは夢じゃないかと思ったくらいです。

『天国の駅』というタイトルで東映制作。昭和三五年から三六年にかけて、栃木県の塩原《しおばら》温泉

で起きた「日本閣殺人事件」の主犯、小林かう（映画では林葉かよ）がモデルで、あの『夢千代日記《ゆめちよにっき》』の早坂暁《はやさかあきら》さんが脚本を書いたんです。

清純派として知られる吉永小百合さんが、初めて挑戦する「殺人犯」役です。といっても、じっさいの事件と違って、映画では男たちに翻弄《ほんろう》され、どうしても罪を犯さざるを得ない状況に追い詰められていく、美貌ゆえに男たちを招き寄せてしまう女性の悲劇として描かれていきます。

僕の役はといえば、小百合さんを神様みたいに慕う「ターボ（田川一雄《たがわかずお》）」という田舎《いなか》っぽい男です。彼はやや知能が低く、吃音《きつおん》で片目、はっきりいって醜《みにく》い。強烈なコンプレックスのかたまりで、ずっとひどい仕打ちをうけ、忍従をしいられてきた男です。

ターボの関心はただ一人、吉永小百合さん演じる「かよ」という女性で、ひたすら彼女を崇《あが》め愛し献身するんです。そんなキャラクターと知って、〝サユリスト〟の僕はもう胸がドキドキ、ワクワクです。役者としてデビューして一七年目でした。

＊

ただ、スケジュールの上ではきつかったですね。ちょうどＮＨＫの大河ドラマ『山河燃《さんがも》ゆ』（山崎豊子《やまざきとよこ》原作、市川森一《いちかわしんいち》・香取俊介《かとりしゅんすけ》脚本）に出てたんですよ。「近代大河」の第一作で、太平洋戦争と極東裁判をあつかった異色のドラマです。日本とアメリカの間で悩み惑い苦しんだ日系二世の兄弟が主人公です。

歌舞伎の名優、松本幸四郎《まつもとこうしろう》さんが日系アメリカ人二世の兄、天羽賢治《あもうけんじ》役で、弟の天羽忠役が僕です。初の〝近代大河〟ということで、しかも、アメリカとの真っ向勝負の戦争をあつかうんです。日系人を大量に収容所に強制移住させたことや、勝者が敗者を裁く極東裁判が絡むし、それまでの「大衆娯楽時代劇」の趣のある大河路線とはまるで違う作品です。

いろいろとむずかしい問題をふくんでいますが、太平洋戦争をまともにあつかった制作陣の意欲は充分感じましたね。同時に「昭和」という激動の時代を、真っ正面からあつかうことの〝面白さ〟と〝むずかしさ〟を実感しましたね。

主役の天羽賢治は日米のハザマで微妙な立場にたたされ、苦悶の連続です。松本幸四郎さんは、どのシーンも非常に丁寧《ていねい》にお撮りになりたいと思われていて、私もその思いに応えながら進めていました。

ちょうど『天国の駅』のクランクインが近付いているころ、松本幸四郎さんサイドから撮り直してほしいシーンがあるということで、NHKも撮り直す決断をしたんです。記憶は定かではないのですが、戦争が終わって兄の幸四郎さんが進駐軍の将校として日本にやってきて、弟の僕と会うシーンであったかと思います。そこで「敵・味方」になっていた兄弟が、激しいやりとりをするんです。

僕の中ではとっくに終わっていたシーンで、そのときの気持ちを復活させるのがむずかしかったんです。しかし、やるしかない。一方、吉永小百合さんと初共演の映画のクランクインが迫っていました。

テレビの撮り直しがワンシーン加わったことで、時間的にも厳しくなる。うわっ、どうしようと思って悶々《もんもん》としていました。ある夕方、撮り直しシーンの台本を読み直していたら、だんだんフォーカスが絞られていくような感じがしてくる。動悸《どうき》もしてきて、あれ〜、俺、おかしいわと。台所で嫁さんが野菜か何かを刻んでたんですけど、嫁さんが振り向いたのもスローモーションみたいに見えて、フーッと気が遠くなったんです。

気がついたら病院にいて、一過性の狭心症だといわれました。

もう一度、撮り直しシーンの気持ちを想起させるには、モチベーションを上げ、体のパーツの燃焼効率も高めなきゃいけない。それが無理をきたしたのかなと。もちろん、それだけが原因ではなく、いろんな条件が重なって体が悲鳴を上げたんでしょうね。

医者から、「絶対にやっちゃいけないのは、寒い所に行くこと、激しい運動をすること。二、三日、様子を見てください。また発作が起こったら、ニトロを口に含んでください」といわれました。

「はい、わかりました」といったものの、翌々日、映画のロケ地に行かなければならなかったんです。四万《しま》温泉って群馬の山中の雪深い所でね、しかも雪の中を転げ回るシーンを撮るんです。まさに、やっちゃいけないことばかり。

主演の吉永小百合さんはすでに現場に入っておられて、僕も行かなきゃいけない。サユリストとしては、絶対に小百合さんを待たせてはいけないと思うわけです。発作が起きるか起きないかは、もはや賭でしたね。

その前に『山河燃ゆ』の撮り直しがあります。敗戦で打ち砕かれた二世の天羽忠の僕と、占領軍の情報将校となった実兄役の幸四郎さんとの厳しい対立シーンをこなし、その余韻が残るなか、今度はひたすら小百合さんを崇め献身する〝醜い男〟ターボ役を演じるワケです。比較的、僕は気持ちの切り替えが早いんですが、いつ起きるかわからない狭心症の発作に怯《おび》えながらのロケ、しかも雪の中、小百合さんとの〝逃避行〟のシーンですからね。

発作が起こらなきゃいいなと祈るような気分でした。大河の方を撮り終えて四万温泉に行くと、プロデューサーから僕の病状を聞いてたんでしょう。小百合さんが優しく手を握ってくれて、

「大丈夫?」と気遣ってくださったんです。その一言で、

「あっ、オレ全然大丈夫だわ」と、まあ、現金なもんです。

病は気からといいますけど、ほんとにそうなんですよね。〝サユリ薬〟が効いたのか、撮影中、発作は一度も起きませんでした。

小百合さんは女性としてもっとも充実していた感じの時期で、輝くように美しいんです。僕が小百合さんを背負って雪山を逃走するシーンがあるんですけど、ちっとも重くない。ああ、今、『キューポラのある町』の吉永小百合さんを背負っているんだ、そう思うだけで胸がキュンキュンしました。津川雅彦《つがわまさひこ》さんも出演されていて、小百合さんをねちっこく追い詰めるんです。役柄とはいえ、あのときは津川雅彦という男に軽い殺意を覚えましたね。

撮影の合間にみんなで椅子に座って休んでいるときも、小百合さんが僕を見つめてくれるんですよ。視線を面映《おもは》ゆく感じながらも、なんとも幸せな時間を過ごしました。

撮影中は、ただもう小百合さんの一挙手一投足を見つめてね。小百合さんのいうことを何でも、はい、はいと聞くだけでいい。撮影も追い込みに入った某月某日、吉永小百合さんとの最

初にして最後にはしたくない、い、い、ラブシーンの日が来ました。

憧れの小百合さんと〝ラブシーン〟ですよ。緊張というより、興奮しましたね。忙しく立ち働くスタッフのみなさんの間にも緊迫した空気が漂《ただよ》ってました。広大なセットに建てこまれた冬の露天風呂《ろてんぶろ》のシーンです。前のシーンで小百合さんが僕とともに夫役の津川雅彦さんをやむなく殺害したあと、返り血をあびた小百合さんを洗い清めるために、ターボ役の僕が背負って露天風呂まで逃げてきたという設定です。

殺害するシーンから、もう僕は「ターボ」になりきってます。

小百合さんをお湯で静かに丁寧に洗い清めながら、僕の胸に熱いものがつきあげ……もう涙ボロボロ……。小百合さんの瞳から真珠のような涙が落ちてくる。その場を支配していたのは静寂です。やがて「カット‼」という出目《でめ》監督の声が響く。瞬間、えもいわれぬ充実感が僕の全身をつらぬきました……。


モデルになった小林かうという女性は、処刑される直前、看守に「口紅をください」といったそうです。死刑になる前に口紅をのぞむなんて、ああ女なんだなあと思いますね。映画では、ヒロイン林葉かよが最後に残した言葉は、

「わたし……きれいでしょうか」でした。ぞくぞくっとするシーンです。吉永小百合さんがもっともきれいであったときの映画で、相手役をやれて僕アほんとに幸せでした。

のちに僕は心筋梗塞《しんきんこうそく》になるんですが、医者から何度も「煙草《たばこ》なんか、とんでもない」といわれてもやめられなかったんです。ところが、小百合さんから「煙草をおやめなさい」といわれ

たとたん、すっぱり煙草をやめることができました。まったくもって、〝サユリ薬〟はすごい！

酒はやめられないんですよ。酒まで取り上げられたら、何のために生きとるんやという思いがどこかにあって。ただ、今年の春、ベッドから落ちて頚椎《けいつい》を損傷したときや胆嚢炎《たんのうえん》になったときは、涙を飲んで禁酒してましたが……。

＊

『山河燃ゆ』に話をもどします。僕はこれまで戦争をテーマにした作品にもずいぶん出演しましたが、中でも印象に残るのは太平洋戦争と極東裁判を軸にすえたこの作品ですね。日系アメリカ人二世の兄弟が日米で戦うという特異なテーマを扱っていて、大河ドラマとしては画期的な作品といっていいと思います。

運命の皮肉から実の兄と弟が激戦地であるレイテ島で「敵同士」として出会ってしまうんです。兄の天羽賢治にはモデルがいたと聞いてますが、弟の忠の存在はフィクションです。

幸四郎さん演じる天羽賢治は日本で教育を受けたけどアメリカにもどります。しかし、日本軍によるパールハーバー奇襲攻撃で日米戦争がはじまると、家族とともに日系人強制収容所に入れられます。やがて米陸軍に志願し、情報担当として戦場へ赴きます。

一方、僕が演じる弟の天羽忠はアメリカで生まれ育ったけど日本を愛しており、日本に留学したまま日本に残ります。そして「大和魂」を植え付けられ、帝国陸軍の兵士としてアメリカと戦うんです。

フィリピン・レイテ島で、僕も矢崎滋《やざきしげる》君、ポール牧《まき》さん、綿引勝彦《わたびきかつひこ》さんたちと、日本兵を演じました。ロケはレイテ島を想定した日本国内でしたけど。上官役の綿引さんが矢崎君を殴るシーンがあって、本当にビンタをくれたんですよ。バシッといい音がしましてね。カメラの角度からいっても、本当に殴らないとごまかしきれない。綿引さんは迫力があって、鬼軍曹は適役でしょう。矢崎滋演じる兵隊の辛さ、軍隊の辛さが引き出せたので、綿引さんの功績大なんですよ。

でも、痛かったんでしょうね。矢崎君が泣きながら、「綿引は許せねぇ」といってました。過酷な軍隊生活と戦闘シーンの収録に参加しながら、戦争は嫌《いや》だというだけでなく、つくづく軍隊って嫌だなと思いましたね。

楽しみも哲学も何もない世界ですよ。しかも命まで奪われたら、たまったもんじゃない。

僕の養父も中国戦線に兵士として行ったんです。敵の弾が飛んでくるので、みんな壕《ごう》の中から手だけ上げて撃つ。前がよく見えないので、味方に援護射撃を頼むといって突撃していく兵士の背中に、味方の弾が当たることもずいぶんあったそうです。

養父の体にも弾が貫通した痕《あと》がありました。前から飛んで来たものか、後ろから飛んで来たものかはわかりません。

「戦争って、そんなものだよ」晩年、養父は重い口を開いて話してくれました。

戦争は絶対にあってほしくないという気持ちが年々強くなります。あとで国の英霊だとか何だとかいわれても、死んだらおしまいですからね。

戦争といえば、クリント・イーストウッド監督のイラク戦争を舞台にした『アメリカンスナイパー』という映画を見たんですけど、すごくリアルで、衝撃的でした。スナイパーの一発で、ほんとに簡単に命が消えていく。実話にもとづいているので一層怖いですね。クリント・イーストウッドはもともと俳優で、昔テレビがまだモノクロの時代、西部劇『ローハイド』に出ているのを見てたなア……。

彼の作品はアメリカ人として〝落とし前〟をつけている感じで、アメリカが正義だなどと決していわない。あの人の目線はすごいなと思います。『父親たちの星条旗』や『硫黄島《いおうじま》からの手紙』もそうでしょう、日本との戦争に対する落とし前。

『グラントリノ』はベトナム戦争に対する落とし前ですね。

南アフリカのマンデラ元首相についての映画『インビクタス・負けざる者たち』は人種差別がテーマです。ここでも、自分の中のアメリカを一つひとつ削《そ》いでいってるでしょう。内なるアメリカというか、アメリカの業《ごう》の部分ですね。

そこにこだわって映画を作り続ける。八六歳もの高齢なのに、たいした映画作家だと思います。

＊

『山河燃ゆ』では日系二世の役でしたから、英語の台詞《せりふ》もありました。最初のころは苦労しましたよ。ただ、英語の真似事は好きでした。洋画を見たあと、たとえばゲイリー・クーパーはこういうふうな言いまわしだったなと声音を真似るんです。喋り方も丸覚えして、遊んでたんです。

二世の英語も真似の延長戦上でリズムやイントネーションを真似ると、案外簡単に覚えられました。英語も歌も、僕は聞こえるまんまを真似て、それを丸暗記するんです。するとスッと英語やメロディが体に入ってくる。日系二世の英語の台詞は歌を覚えるような要領で体にいれた気がしますね。

真似も大事ですけど、想像力も役者にとって大事ですね。TBSで『港町純情シネマ』の映写技師役をやったとき、僕の子供のときの遊びの延長上で芝居ができました。映画のシーンにのめりこむあまり、想像のなかで自分がたとえば『ゴッド・ファーザー』のマーロン・ブランドになってしまう。そしてマーロン・ブランドを真似るんです。

あとで触れますが、山田洋次監督の『虹をつかむ男』の映画もそう。自分の所有する古い映画館にかかる映画にのめりこんで、映画の主人公になりきって、映画という「非日常の時間」を生きるんです。

そうそう、郡山《こおりやま》にいたころ、映画にのめりこむあまり、シナリオライターになろうかなんて思ったこともありましたよ。シナリオなど見たこともなかったのに、あんな格好いい台詞を書けたら、いや書けるんじゃないかと思ったんでしょうね。

いずれにしても『山河燃ゆ』と同時並行で撮った『天国の駅』は、三〇代後半の僕にとってすごく思い出のある作品です。

大河ドラマには『山河燃ゆ』のあと、『武田《たけだ》信玄《しんげん》』（山本勘助《やまもとかんすけ》役）、『翔《と》ぶが如《ごと》く』（西郷隆盛《さいごうたかもり》役）をやり、次にチャレンジしたのは『八代将軍吉宗《よしむね》』（ジェームス三木《みき》脚本）の主役・吉宗です。

ご存じのとおり、吉宗は徳川幕府の第八代将軍で、緊縮財政をうちだし藩政改革に功績のあった人です。紀州《きしゅう》藩の第二代藩主・徳川光貞《とくがわみつさだ》の四男として生まれたのですが、兄たちが相次ぎ亡くなったため、部屋住みだった吉宗に藩主の座がまわってきて、やがて八代将軍の地位につくんです。

そのとき三三歳。一七一六年（享保《きょうほう》元年）です。

吉宗の政治方針は、「倹約励行」「文武奨励」「風俗粛正」で、家康に似た頑固な性格でした。すでに松平健《まつだいらけん》さんの『暴れん坊将軍』が、テレビで何年も前から放送され、人気をほこっていましたね。あちらは典型的なエンターテインメント時代劇、史実から大きくはみでて、将軍がおしのびで江戸の町にでて悪をこらしめる——といったものです。

ＮＨＫの大河ドラマは視聴者の多くに「歴史的事実」として受け止められているので、史実から大きくはずれることはできません。脚本のジェームス三木さんは史実に沿いながら、エンターテインメント時代劇として楽しく見られるように工夫をこらしていましたね。

脚本を読んだとたん、イメージがひろがりました。そうか東映の時代劇のノリでやればいいんだなと。吉宗は爛熟した元禄《げんろく》時代のうねりを背負って、質実剛健な改革を断行するんですね。エンターテインメントであると同時に、人間ドラマとしての期待にも応えられる心づもりで収録にのぞみました。『暴れん坊将軍』の松平健ちゃんより、目張りをより薄くしたりして、ある種のリアリティを出せたかなと思ってます。

このドラマ、合戦がないのに「動」の印象が強いんです。ロケ現場にそれが反映されてましたね。初日は相撲をとり、二日目は父親の光貞役を演じる大滝秀治《おおたきひでじ》さんを抱え上げ、三日目は神輿《みこし》をかついで石段をおりる。静かな芝居も、もちろんありましたが、僕としては「動」の部分をどう表現するか気をこめました。

ケラケラ笑ったり、ほのぼのしたり、しんみり泣いたり、手に汗握ったり——いってみれば、僕が子供のころ胸を躍らせて見ていた東映時代劇のノリですね。

時代劇をやるとき思っていることのひとつに、当時と今と話すスピードの違いってのがあるんですよ。これを分析すると、キーワードは「移動機関」になるんです。

八代将軍のころ、移動は歩行と駕籠《かご》と馬です。現代は車や飛行機が日常的ですね。この移動のスピードに比例して、言葉のテンポとリズムが速くなったり強くなったりしてきたんじゃないかな。

三〇〇年前の話す速度を再現しても、まどろっこしい感じしか残らないでしょうけどね。でも、そういう違いも胸の中にしまっておきたい。具体的に演技として表現できないかもしれないけれど、イメージしておきたいことのひとつだと思っています。

吉宗は能も茶も嫌いで、鷹狩や鉄砲撃ちが好きな体育会系なんですね。ですから、吉宗をとりあげた制作側の狙いと自分の中にあるものを、重ねていくことを心掛けました。吉宗は骨太で首の太い色黒の男というイメージです。近松門左衛門《ちかまつもんざえもん》（江守徹《えもりとおる》）が案内役で、江戸時代の華やかな部分をバックとして描いていくのも面白かったですね。

演技について付け加えると、僕は〝笑う音〟というのをいつも考えるんです。吉宗はヒとフでは笑わずに、へへへとかハハハとか、へとハで笑った人ではないかと思うんです。六尺の大男で、歩き方ものっしのっしという感じでしょう。

＊

大河は『吉宗』のあと、『葵《あおい》　徳川三代』（二〇〇〇年）で徳川秀忠《とくがわひでただ》役を、『武蔵ＭＵＳＡＳＨＩ』（二〇〇三年）では内山半兵衛《うちやまはんべえ》を、『功名が辻《こうみょうがつじ》』（二〇〇六年）では徳川家康《とくがわいえやす》役を、『八重《やえ》の桜』（二〇一三年）では西郷頼母《さいごうたのも》役をやらせていただきました。

どれも歴史のうねりのなかで時代の変わり目をどう生きるかが基本テーマだと思います。しかも、平凡な庶民ではなく歴史を動かすような立場にある人間の生き方です。「素《す》」の僕としては、世の中がじっくり変わっていけばいいと思ってます。あまり急速に変化をつけないで、ゆっくり歩いていきたい。ですから、一年間滔々《とうとう》と流れる大河のような番組に参加できたことは、ありがたいし、嬉《うれ》しいですね。

その後、憧れの吉永小百合さんと一九九二年公開の映画『天国の大罪』（桝田《ますだ》利雄《としお》監督・松田《まつだ》寛夫《ひろお》脚本）でご一緒することになりました。小百合さんの相手役は映画『アラビアのロレンス』で知られるオマー・シャリフさんです。小百合さんは東京地検特捜部の検事役で、上司との不倫やマフィアとの絡みで検事を退職、シングルマザーとして生きるといった人間模様をサスペンスタッチで描いたもので、小百合さんとしては珍しい作品でした。僕は中国マフィアのボス役で、途中であっけなく殺されてしまうんです。

同じ〝天国〟でも『天国の駅』の小百合さんの姿や声が、圧倒的に強く記憶に焼き付いてますね。思い出しました。『天国の駅』で、小百合さんが、なんと〝自慰〟をするシーンがあるんですよ。津川雅彦さん演ずる旦那の福見という男に強要されてするんです。他にも愛欲シーンがいくつもありました。〝清純派〟で売ってきた小百合さんとしては、初めての愛欲シーンであったと聞いてます。

小百合さんはクランクインの一週間ほど前から不安で不安でノイローゼ状態であったそうですね。僕はいつ狭心症がでるかどうか、不安だらけで、医者が〝やってはいけない〟と警告する場に身をおいて〝いけないこと〟をやってたワケです。

そんな二人が、雪の中の逃避行をへて、田舎の無人駅で警察に絡めとられる。そして、絞首刑。切なくて泣けてくる物語です。

僕にとってはハードスケジュールのなか、憧れの小百合さんと最後の「逃避行」を演じたこと、今でも強く脳裏に刻み付けられています。

ほとんどの作品にあてはまりますが、作品に出る度に新しい発見があります。

山崎豊子《やまざきとよこ》さんの小説『華麗なる一族』をＴＢＳがドラマ化したとき、僕は大物代議士役を演じました。そのとき感じたのは、人や社会を見る角度によって、見えるものも見えなくなるということです。たとえば浅草の人は自分の町を低い目線、地に足をつけた所から見ているし、そこからいろんなものが見えてきて、発見があります。

一方、政治家は世の中をどうしても俯瞰《ふかん》で見がちなので、見えなくなるものも多く、権力があるので傲慢《ごうまん》になりがちです。そのため、功罪のうち〝罪の意識〟が鈍くなる傾向があると思うんです。

これは政治家のみならず俳優の世界にもあるんですよ。よく俳優は〝夢を与える仕事〟という人がいます。それは傲慢ではないかと僕は思っています。俳優の仕事は〝自分の夢を虚構の世界で実現〟させようとすること。それをお客さんに見ていただき、〝夢を感じていただく〟こと――というくらいのものだと思います。

ですから、僕は役者として〝夢を与える〟という言葉は絶対に使いたくないですね。

入院をして仕事を休まなくてはいけなくなって、時間がたっぷりあると、いろいろなことを考えます。僕自身、いわゆる「団塊《だんかい》の世代」の一人ですが、日本の歴史上もっとも人数の多いこの世代がやったことは、功罪相半ばするかなと。その罪の部分って、〝核家族〟を産み出したことかなと思いますね。

昔の〝大家族〟にも問題はありましたが、爺ちゃん婆ちゃんも一緒に生活することの良さもありました。核家族化で人間の〝砂粒化〟がすすんでしまったように思えるんですね。それが子供をめぐる犯罪の土壌にもなっているのではないか……。

団塊の世代の責任ではないという意見もあるかと思いますが、僕はそう感じています。

二〇〇三年に心筋梗塞で倒れたとき、命に限界があると思い知らされました。同時に、あれもやりたい、これもやっておきたいと欲が出てきて、以前より仕事量が増えたんです。それでまた体調を壊したのでは、元も子もないという気がするのですが。

この春、また入院する羽目になって仕事を休みました。今年は古希《こき》をむかえるし、二〇〇三年のときのように、仕事量を増やすことはないと思います。ただ、まだまだ役者としてやるべき事が残っています。役者という仕事を通して、人間にはこういう生き方もあるんじゃないかということを提示できればと思います。

それが団塊の世代の俳優としての僕の、ケジメのつけ方であると思ってます。

ケジメのつけ方といえば、『浅草《あさくさ》ふくまる旅館』（横田与志《よこたよし》ほか脚本・TBS二〇〇七年）は、僕なりのケジメのつけ方を主人公の心情に託して演じたつもりです。浅草の老舗《しにせ》旅館の主人、大吉というやもめが僕の役でした。

お客を近くの今風のホテルにとられて経営が苦しいなか、お客や従業員とで織りなすハートフル・コメディです。デジタル化がすすむことは時代の流れなんでしょうけど、どうも他人との距離感がうまくとれない人が増えているような気がするんです。デジタルは基本的に視覚と聴覚の二感しかつかいませんね。でも、人間は五感をもっているんです。五感をつかって他者を確認しあうことが大事であり、そういう人間関係を体現する旅館主として、大吉役に僕は気をいれてのぞみました。

大吉は「お客さまは家族」をモットーに、儲けはそっちのけで客の世話を焼くんです。人情という言葉が死語のようになってしまった社会だからこそ、意味がある存在じゃないか。

あのドラマで、僕は他者はライバルではなく助け合う存在であると訴えたかったですね。人は互いに関わりあって生きる。それが大事じゃないかと。

このドラマが放送された当時、日本はイラク戦争に関わっていました。中東での戦争は自分たちに関係ないとはいえないはずです。そういう想像力を持てる感性を養って欲しい。そんな思いをこめながら大吉を演じました。

アドリブはもちろん、やりましたよ。演じていないように見せるには、三倍演じる行為をしないと駄目なんです。特に日常のトーンを大事にするドラマの場合、台詞を肌に塗りつぶして溶かしたような作業が必要です。

これがなかなかむずかしいんですよ。

ホームドラマで、僕なりに感じている大事なことは、脚本にある台詞の行間で何をつかむかです。ホームドラマって、俳優が「地」で演じても通用するところがあります。ですから、そのタレント、役者の生身の生活感覚をスタジオの中に持ち込んだらいいと思います。ドラマの中で〝日常生活ができたら〟いいんじゃないかな。共演者との演技のバランスとか、その場の空気を冷静にみつめた上でね。

第十一章　「極地三部作」で命の限界に挑んだ！

『植村直己物語《うえむらなおみ》』、『敦煌《とんこう》』に続いて、『おろしや国酔夢譚《すいむたん》』と海外ロケをともなう大作に出ました。いずれも佐藤純彌《さとうじゅんや》監督作品です。海外ロケといえば聞こえはいいけど、辺境の地ばかりです。

一作目はエベレストや北極、二作目は中国の灼熱の砂漠、三作目は酷寒のシベリア。並べてみると、「極地三部作」とでも呼びたいような気がします。

おかげで、一時期、「極地俳優」なんて呼ばれていました。まずは『植村直己物語』（岩間芳樹《いわまよしき》脚本、一九八六年）から——。

これは僕にとって命を危険にさらして作った思い出深い作品です。一九八四年の冬、冒険家の植村直己さんが、アラスカのマッキンリーで消息を絶ったというニュースが入ったんです。僕はロケ先の雪深い四万《しま》温泉にいて、吉永小百合《よしながさゆり》さんと『天国の駅』を撮っていたときでした。撮影の合間に植村さんの話題が出て、「ひょっとしたら、映画化されるかもしれないね」などとみんなで喋っていたら、「そうなれば、あんたじゃないの、植村さん役は」と誰かにいわれた記憶があります。

しばらくして、佐藤純彌監督が『植村直己物語』を撮るという話が浮上し、僕にオファーが来たんです。驚くと同時に、本当に来ちゃったよ、現実になっちゃったよと思いました。植村さんは明大農学部の先輩でもあり、前々から僕は「冒険家・植村直己」にすごく興味をもってましたから、すぐにお受けしました。撮影に一年間かけるとのことで、テレビの企画などをすべてお断りしました。家族には決まるまで黙ってました。

女房はいつも「あなたのやりたいと思うことをやれば」といった調子で仕事のことに口をだすことは一切しないんです。だから、今回も事後報告でした。

僕は植村さんの著書を一〇冊近く読んでいて、自分の机の上に本を置いていたので、女房はうすうす、僕が植村さんの役をやるつもりだって気づいて、本に目を通していたんじゃないかな。

「植村直己物語をやることに決まったよ」というと、女房のやつ、「ヘエー」と答えただけで、淡々としている。細かく追及してこなかったので、ほっとしました。おそらく、これは植村さんの奥さまの公子《きみこ》さんの影響じゃないでしょうか。公子さんはご主人の冒険に対しては、どんなに心配しても、素振りすら見せず、笑って見送ったという方です。その芯《しん》の強さは、男に勇気をふるいおこさせてくれます。

女房は、そんな公子さんの心境を少しでも学ぼうとして、夫が直己さん役をやるなら、「私は公子さん役を演じたい」と思ったんでしょう。僕の勝手な想像ですが。

公子さんにお会いしたのは、植村さんが消息を絶ってから間もなくのことで、なんとなく僕もひっかかっていたのです。お会いしてお話ししていても、短い言葉の行き交いで……。それが最後に、「でも、僕は、植村さんがまだ生きて現れるものと確信してます」といったら、突然、公子さんは大粒の涙をボロボロ流されて、

「はい、私もそう思います」って大きな明るい声でおっしゃったんです。そのとき公子さんとやっと心が通じたように思い、細く可憐な公子さんを抱きしめたい気持ちになりましたね。植村さんは偉大であるけど、また偉大な駄々っ子なわけで、それを支えた公子さんは素晴らしい女性です。そんな思いを抱きながらロケに出発しました。

僕自身、こうと決めたら後ろを振り向かないでパーッと飛び出していく鉄砲玉みたいなタイプです。女房もダイナミック。わりに大きな度量で容認してくれるところがあるんです。だから、表立って配慮は見せてくれないのですが、二月にアラスカロケへ出発するとき、たまたま女房に、

「今年はどうも花見ができそうもないな」と話したら、北極ロケ中に、家の近くの桜並木を撮影して写真を送ってくれたんです。今だったらインターネットで送れるんですが。満開の桜の前に娘二人が豆つぶみたいに小さく立っていてね、《これで花見をしてください》って書かれている。それを見ていたら、なんかフワッと温かい気持ちになって……。

じつは今回初めて女房と娘の写真をロケ地にもっていったんですよ。それを寄宿舎の壁にはって眺めてました。なんでこんなに感傷的な気持ちになるんだろう。困った困ったと思っていたところ、スタッフの部屋を見て驚きました。みんな同じことをしてるんです。

お互いに「これが僕の女房です、これが子供です」って自慢しあってね。会ったこともないのに、スタッフの家族の名前や生年月日から、性格、エピソードまでわかるようになりました。男ばっかりで長いこと生活していると、なんとなくギスギスしてくるものだけど、あの写真のおかげで穏やかな雰囲気でいられたような気がします。

ひとつの世界を作りあげていく男たちの執念というか、努力というものを、みんなで合宿同様の生活をしたからこそ、肌で確かめあえたんですね。当然それができあがった画面に反映されるわけです。

*

海外ロケは最初、アラスカ・マッキンレーに向かいました。植村さんは「マッキンレー冬季単独登頂」に成功した直後に消息不明になるんです。そこから撮影に入りました。

それから北極圏のリゾリュートという所に移動です。そこで体験した寒波は想像を絶してましたね。顔はいたるところが凍傷で、水ぶくれ。それが破れてドス黒い皮膚に変わるんです。こちらから送った写真がようやく着いたとき、女房や知り合いは僕のあまりの変わりように茫《ぼう》然《ぜん》とするくらい驚いたそうです。

僕としては、植村さんが味わった過酷な体験に少しでも近づき、肌身に触れて、感じたいと思ってました。リゾリュートという集落は、イヌイットが一四〇人ほど住んでいて、北極点から一二〇〇キロしか離れていない。気温はマイナス四八度、風速一メートルごとに体感温度がマイナス一度加わる。空気は張り詰めて風のような音をたてて吹くんです。

そこで、一六名のスタッフと犬ぞりを引く極地犬と共同生活を送りました。一番大変だったのは、犬との交流でしたね。植村さんでさえ、犬ぞりを自由に操《あやつ》れるようになるのに一年かかったそうです。僕らはそこまでの必要はなくても、犬になれなきゃならない。で、アザラシの肉を輪切りにしたのを与えたり、一緒に食べたりしましたね。味は鯨の肉みたいだけど、独特の匂いがするんです。

犬をこっちの命令に従わせるため、アザラシの脂を衣服にべったりと塗って、その臭いを犬にかがせながら、「オレがお前らのマスターなんだ。いうことを聞けば餌をやるぞ」ってな調子で犬に覚えさせるんです。一週間後、「ホイッ」て号令をかけ、行けの合図をしたら、シャーッと音をたてながら犬ぞりが動いたんです。あのときは涙が出るほど嬉《うれ》しかったですね。ただ「ウオーッ」と止まれの合図では、僕の声が不足していたのか、止まってくれず、はるか彼方まで連れていかれてしまいました。

「もう撮影場面は終わってるのに、おいおい、どこまで行くんだよオ」と叫んでも彼らは突っ走ってしまうんです。

郡山《こおりやま》も冬は寒いし、寒さには強いつもりでいたんですが、北極は桁違いでしたね。でも、人間の適応能力ってすごいですよ。マイナス二五度でも温かく感じられるようになるんです。初めて顔に凍傷ができたときは、

「これで植村さんに一歩近づけた」と思って嬉しかったですよ。

冒険家・植村直己を演じるのは光栄ですが、なにしろ世界初の五大陸最高峰登頂に成功した

方ですからね。映画では、山に魅せられた若かりしころから、数々の偉業を成し遂げるまでの日々を描くワケです。植村さん役の僕が、現地で登山や冒険を体験しないわけにいきません。

撮影隊は一流の登山家たちとともに植村さんの足跡《あしあと》を追い、のべ八ヶ月かけて、フランスのモンブラン、ネパールのエベレスト、カナダの北極圏、アラスカなどをまわったんです。

モンブランやエベレストはじっさいに数千メートルまで登りました。最も厳しかったのは、やっぱりエベレストですね。ロケ先から次のロケ先へ、一ヶ月近くかけてトレッキングしながら移動し、ベースキャンプに入るんです。

酸素が三分の一程度しかない高度に慣れるには、時間をかけて移動する必要がある。環境に順応して、自由に動けるような体にしておかないとダメなんです。それだけ訓練しても、スタッフや出演者が何人も高山病にかかりました。それだけじゃない。着いた初日に雪崩が起きて、こりゃ、エライところに来ちゃったなと思いました。

ところが、佐藤監督はメガホンで、「ヨーイ、スタート！」とか怒鳴るし、スタッフも負けずに「ＯＫ！」なんて叫ぶ。現地のシェルパたちは近寄らないんですよ。大丈夫かな、雪崩が起きないだろうな、と僕も内心ヒヤヒヤしてました。撮影隊はみんな体重が十数キロは落ちたんじゃないかな。僕も八〇キロあった体重が六七キロくらいになりました。

佐藤監督は一見、学者みたいな雰囲気ですけど、ものすごく芯の強い方ですね。じつは海外ロケ中、監督はバケツいっぱいくらい吐血されたんですよ。でも、みんなに動揺が走ってはいけないってことで、ごく一部の人にしか知らせず、そのまま撮影を続行しました。厳しい環境にあっては、リーダーの胆力や責任感が大きな意味をもってくるんですね。

とにかく、半端じゃなく過酷なロケでした。でも、畏敬《いけい》の念を抱かせる大自然と対峙《たいじ》し、抗《あらが》えないものに身を任せながら演技をするっていうのは、僕にとって大変貴重な経験であり、大きな収穫でした。

＊

厳しい自然の前では人間の羞恥心なんて吹き飛んでしまいますね。ロケの最中は用を足す場所がないので、見渡す限り氷のだだっぴろい中で用を足すんです。小便のほうはシャーッとだすと、すぐシャーベットにかわり、レモンキャンディができあがる。きれいも汚いもないんです。ヒマラヤでも同じでした。最初のうちこそどこか木陰でウロウロ場所探しをしていたんですが、高度が増すにつれ草木がなくなって、岩肌がのぞいているだけ。おまけに高山病があります。あれは、その人の一番弱いところがやられるとかで、僕は腸が弱いのか、一週間ほど下痢がとまらなかった。で、トイレがよけい必要でした。

でも、のどかなものです。ちょっと隊列を離れて道ばたにしゃがみこみ、シェルパがいようが、女性が目の前を通り過ぎようが、その人たちと挨拶をしながら用足しをしました。

最初は、自然はいい、子供たちを連れてきたら、さぞ感動するだろう、いい思い出ができるんじゃないか……なんて考えていたんです。やがて、過酷な自然の中に身をおくうち、そんなのは嘘だと思うようになりました。次々に予想を超えた困難にぶつかるんです。そのひとつとして、エベレストから流れるドコシ川が決壊して橋がなくなっていたことがあります。ベースキャンプに行くには、どうしてもそこを越えなきゃならない。

あるのは一本のワイヤーロープだけです。滑車がかかっていて、それにぶら下がって渡るんです。下を見るとものすごい濁流で生きた心地がしなかったですね。「何日か前に、このロープが切れてシェルパが何人か死んでいる」と聞いてゾーッとしましたよ。

厳しい撮影でしたけど、苦労したかいはありました。気が狂うような孤独感を植村直己がどう克服したのか、自分で体験してみて初めてわかったような気がしましたね。それと、公子夫人の愛がいかに大きな支えになっていたかも納得です。

強靱《きょうじん》な精神の裏には、純度の高い愛情があったんですね。


北極のときもそうだけど、ヒマラヤに行くときも、家族には、

「便りがないのが良い便り。無事な証拠だから」と悲壮感をみなぎらせていったんです。そしたら、ヒマラヤのベースキャンプまで郵便配達人がやって来るんですよ。同行した登山家なんか、毎晩のように手紙を書いている。何を書くのかと聞いたら、「毎回が遺書だ」って。かと思えば、若い登山家には水着姿の彼女の写真入りの手紙が何度も送られてくる。みんなでヨダレたらしながら見てましたよ。

一ヶ月ぐらいのロケは珍しいことではありませんが、ヒマラヤとなると、夜は退屈です。自然以外何もないところです。だから、考えることは家族のこと。妙に女々しくなるんです。

ところで僕の養母は梅干しを盲信していて、「梅干しさえあればどこにいっても安心。梅干しが腐るときは、地球が破壊するときだ」って。それで紀州の梅干しを四樽もたされたんです。ありがた迷惑ではあったけれど、ヒマラヤでは助かりましたね。酸っぱいのを頬張ってい

ると、疲れがとれるし、慰《なぐさ》めになるんです。それから、養母は安全を祈るお守りを二〇ヶ所もの神社詣でをしていただき、荷物にいれてくれました。僕は決して信心深いほうではありませんが、あのような北極やヒマラヤでは、

「うん、これがあるから大丈夫。守ってくれる」って信じられる気持ちになるんですね。男の仕事の裏には、こうした家族の無言の励ましがあるわけです。

植村さんの場合も、東京の板橋《いたばし》の家を守り続けた公子さんの意志が、つねに遠く離れた植村さんまできっちり届いていたという気がしましたね。久しぶりに日本にもどってきたとき、家族はニコニコ顔で迎えてくれました。養母は僕に手を合わせて拝《おが》んでるんです。

「無事に帰ってきてほしい」と祈り続けてきたんで、感激したんでしょう。息子としては、

「恥ずかしいからやめてくれよ」と頼みました。

女房と娘たちは、いつもの国内ロケから帰ってきたときと同じように喜んでいましたね。その夜は娘二人とお風呂に入ったんです。ヒマラヤでは一ヶ月風呂に入れなかったんで、一度目は一人で入って徹底して垢を落として、それから娘と一緒に入ったんです。

「ヒマラヤでは水が大事なんだよ。高いところに登ると、燃料になる木がないからヤクのフンを乾かして燃料にする。そのとき、水が貴重だからヤクのフンを手で岩において干して、その手で料理するんだよ。驚いちゃうだろう」なんて子供に話してやったら、娘たちは、

「ワーッ汚い」っていう。

「違うよ」と子供にいってもわからないでしょうね。あげくに、

「お土産《みやげ》は?」っていうから、北極の石とかを渡したら、

「エエッ、石？　ただの石？」ガッカリしてましたね。確かに、ただの石なんだけれど……。文明って、こういうことなんだなアと思いました。

＊

『敦煌』（井上靖《いのうえやすし》原作・吉田剛《よしだたけし》脚本）については、深作欣二《ふかさくきんじ》監督が準備していることをニュースで聞いていて、すごいなあと他人事のように見ていたんです。ところが、深作さんが辞めるらしいという噂が業界内で聞こえてきて、かわりに佐藤純彌監督がやるらしいと。

純彌さんがやるとなると、もしかしたら僕にオファーがあるかもという予感が少しあったんです。そしたら案の定、オファーがきたんです。

朱王礼という役だけど、やってくれないかなと。もちろんOKです。『植村直己物語』をやって以来、「極地俳優」とか「僻地俳優」なんていわれまして、テレビのドキュメンタリー番組でも海外の辺境にいったりすることが多くなってたんですよ。だから、西田なら中国の砂漠地帯を舞台にした過酷な撮影でも大丈夫と思われたんでしょうね。

舞台は北宋時代の中国。配役は、僕が西夏の傭兵《ようへい》で漢人部隊長・朱王礼役、佐藤浩市《さとうこういち》君が敦煌の文化遺産を戦乱から守ろうとする青年・趙行徳役、渡瀬恒彦《わたせつねひこ》さんが西夏の皇太子役、中川《なかがわ》安奈《あんな》さんがウイグルの王女役を演じました。

敦煌と日本を行き来する方もいましたが、佐藤浩市君と僕は五ヶ月間向こうに行きっぱなし。北京から直行便がなく、往復に時間がかかったんですよ。

敦煌は観光地でホテルや食事はいいんですが、砂漠の真ん中だからシャワーが出なかったり。

長距離電話を昼に申し込んだら、真夜中に「電話！　電話！」と起こされ、自分が頼んだことも忘れて「こんな夜中に何事だ！」と驚いたり。撮影もひと苦労でした。兵士役の多くは人民解放軍で、上司の命令しか聞きません。監督の言葉を、上司を介して伝えてもらうんです。笑いながら立ちまわりをする人もいて、「笑うな」と注意する係もいました。

朱王礼の軍が足跡ひとつない砂漠を進んでいくシーンを撮っていたとき、はるか遠くに人がぽつんと立っているんです。馬でまわり込み、

「頭を下げろー」と叫んでも、声が届かないんですよ。

砂漠は砂だから、落馬してもそんなに怖くありません。でも、敦煌城を作った周辺は石がごろごろしていたんです。そこで練習していたら、馬が転倒してしまって。瞬間、僕も飛ばされて、前歯が四本折れたんです。みるみる顔が腫れ、寒気がしてきて。佐藤浩市君が「大丈夫ですか！」と飛んできてくれました。

日本の歯医者さんに歯を届けてもらう時間はありません。で、現地の歯医者さんに応急処置してもらったのですが、前歯四本だけ異様に白い。前のシーンとつながらないので、毎回、ドーランで色づけしましたよ。顔の傷などは人民解放軍の病院で縫ってもらいました。病院に着いたときは衣裳のまま、血まみれ、砂まみれ。地元の患者さんたちは好奇心旺盛で、僕のそばに来てじーっと見るんです。

僕は若い医師と女性の看護師に抱えられ、診察室に向かいました。この二人、僕の頭越しに恋人同士の会話を交わすんです。中国語でも想像がつきますよ。間にいる武将姿の傷だらけの男なんて、まるで眼中になかったです。

ああ、ここは中国だ「中華思想」の国だって、痛みをこらえながら思ったりしました。

＊

こんなシーンも印象に残っています。渡瀬恒彦さんが演じる李元昊に反旗を翻《ひるがえ》して、続々と味方が倒れていくなかで、一〇騎ばかりを連れて、大軍に突撃するところです。

演出では、砂煙のなかでわれわれ漢人部隊の旗がバタッと倒れて、朱王礼の死をイメージさせるとこなんです。ロケ現場で見ていた僕の仲間が、涙が出るぐらい感動したといってくれたんですけど、僕自身も演じていてカタルシスがありました。

死を賭した突撃というか、滅びの美学とでもいうような場面になると、民族の血が騒ぐんでしょうか、どうしようもなく日本人だなと思い知らされますね。

この映画の撮影を通じて、役者としていろいろと考えさせられました。まず、中国の広大な砂漠を前にしたとき、僕はそれまでずっと身に着けてきた演技論を捨てました。広い大地と対話をしていると、自然に向かって素直に自分の中のアンテナが開いているんです。

それほど中国の自然に溶け込んでしまったのかもしれません。戦闘場面をやってるとき、自分の出番がないので俯瞰《ふかん》で見てみようと、そばの山に登ってみたんです。ものすごい人数で撮影していたから、人間ばっかしという感じで、人間が本当に蟻《あり》の蠢《うごめ》きのようにしか見えない。その果てに遠く地平線が見える。

そのとき、思いましたね。達観したわけじゃないけど、人間ってこんなものだなと。地球の上において一所懸命やったところで、所詮《しょせん》はこのへんのところだろうなっていうのが、具体的な絵として見えたという気がしたんです。

そこで蠢く、人間と人間の感情のぶつかり合いとか、いがみ合いが、小さく見えてきちゃう。でも、そこで人は生きなければならない。

そういう愚かさというか、おかしさが滑稽《こっけい》にすら見えてきたんです。あれやこれや、自然が全部包括してるんだと感じいって、ふとこういう結論に達したんです。

大事なのは、〝演じる〟というよりも、〝演じない〟ことである。

こざかしい演技論なんていらない。つまり、自分がそこにいて、状況におかれた何かを、自分の中で通過させる作業だけに専念すればいい。

自分がそこにただいるだけで意義がある。相対的なシチュエーションの波に揺られていけば、必然的な何かが表現として出てくるはずだとね。


中国ロケは北京から敦煌へとシルクロードを西進しました。その間、五ヶ月です。

僕は撮影がはじまる二週間前から中国入りして、ほかの俳優と離れて馬の特訓をうけたんです。西夏の漢人部隊長という役どころですからね、馬に乗れなくては話にならない。乗馬は多少心得はあったけど、砂漠を勇壮に走りまわらなくてはならないんで、大変でした。整列、行軍、突撃、馬上での立ちまわり。もう落馬は数えきれないほどです。

でも、本番では馬との相性がよかったのか、とてもうまくいきました。たくさんの馬の中から自分の馬をすぐ見分けられ、馬の方も隊長馬としての自信と風格を見せるようになってきましたね。

砂漠では日中は四〇度近くまであがります。午後は三時ごろまで二時間の休憩をとるのですが、夜間撮影は日没が午後一〇時だから、結局徹夜作業になる。そのなかを、日中合同の撮影スタッフと俳優、エキストラが走りまわり、通訳を介して意思の疎通がはかられるんです。日中両国の関係者にはそれぞれの思い込みがあるから、ときには議論や喧嘩《けんか》もする。でも、へんなこだわりはなく、全体を通して小気味のいいぶつかり合いでしたね。それに周囲は砂漠で、何にもないから、つい自分を見つめて哲学しちゃう。ほんとにいい経験でした。

＊

〝極地三部作〟の最後は、同じ佐藤純彌監督の『おろしや国酔夢譚』（野上龍雄《のがみたつお》・神波史男《こうなみふみお》脚本）でした。これは北海道の奥尻島のロケからはじまり、シベリアに一ヶ月間ほどいて、さらにハバロフスク、イルクーツク、モスクワ、サンクトペテルブルクにも行きましたね。

原作は『敦煌』と同じく、井上靖の歴史小説です。江戸時代後期、伊勢《いせ》から江戸へ向かう回船が嵐で漂流し、ロシア領に漂着するんです。乗組員たちは次々に仲間を失いながらロシアで暮らし、九年半後、女帝エカテリーナ二世から帰国が許されます。

緒形拳《おがたけん》さんが船頭の大黒屋光太夫《だいこくやこうだゆう》役、僕は帰国を諦《あきら》めてロシアに残る庄蔵という役でした。撮影はロシアの映画関係者の協力のもとに進められましたが、彼等はブリザードを起こすためにジェットエンジンを使うんですよ。これがすごい轟音でね。その猛烈なブリザードの中を歩いていくと、気がついたら凍傷になって皮膚の色が変わっていました。

トナカイのそりを使ったとき、撮影後、一頭だけ座っているトナカイがいたんです。ああ、弱ってるんだなと思ったら、その日、バケツいっぱいのトナカイの肉をもらいました。

昼間、座っていた一頭の肉でした。夜はホテルの部屋で焼き肉パーティです。トナカイは鹿系だから、赤身の肉で美味しいんですよ。喜んだのも束の間、部屋の煙探知機が反応し、サイレンが鳴りっぱなし。ちょっとした騒ぎになりました。

懲《こ》りない面々は、サンクトペテルブルクのホテルでも、同じ失敗をしました。市内のモスクワホテルというところに宿泊したんですけど、そこで撮影がありました。終わってから、一人のカメラマンが、俺、こんなの持って来たんだとくさやを出して、それを電熱器で焼いて、ウォッカで楽しもうぜということになりまして。

大丈夫かなと恐る恐る焼いていたら、やっぱり、ガス漏れしてるということになったんですよ。廊下で誰かが騒いでいて、なんで騒いでるんだろうと思ったら、廊下までくさやの臭いが漂《ただよ》ってたんですね。当時のガスは今のように〝無臭〟じゃないですからね。

ロシア人にとって、くさやの臭いは初めてだったから、ガス漏れかと思ったんでしょう。くさやはガスとも違う独特の臭いがすることは、日本人なら常識なんですが、異文化の人には〝なんじゃコレ〟ってなもんです。

もうひとつ、撮影時の思い出を披露《ひろう》します。ロシアに残る私と日本に帰国する光太夫たちとの別れのシーンもほぼ撮り終えて、庄蔵の僕はロシアに居ついてしまい、緒形拳さんの大黒屋光太夫は日本へ帰るというときです。別れのシーンをお互いに撮り終えて。僕はロシア人になりきろうと思ってたんですね。

ところで、ロシア人は同性同士でもキスをするんですよ、男同士でも。で、僕はいいました。

「ここはキスをしていいですかね、拳さん」

「あ、する？　うん、いいよ」

非常にびびりながらも、緒形さんからOKをいただいて、男同士で〝別れの熱いキス〟をしました。そんなシーン、懐《なつ》かしく思い出します。


今振り返ると、世界各地の秘境のようなところを渡り歩くことができたのは、役者としてだけじゃなく、人間としてもじつに有意義なことでした。

たとえば、ある土地では人に物をあげてもお礼はいわれない。逆にもらってくれてありがとうといわなければいけない雰囲気だったり。場所によって価値基準がまったく違うんですね。それを身をもって体験したことで、僕の役者人生に大きなプラスになったと思います。

辺境でロケをした影響なのか、この時期、TVのドキュメンタリーの仕事をいっぱいいただき、仕事を通して世界各国を飛びまわることができました。おかげで、見聞を広め、物事を多角的に見られるようになったと思います。

古希《こき》になる今は、どうあがいても「極地俳優」をやることはできないけれど、あの厳しい自然のなかで体験した「極地俳優」の心意気は、まだ自分の中のどこかに宿っています。新しい困難にぶつかると、厳しいロケでつちかった「心意気」が動き出すんじゃないかって思ったりするんですよ。

バーチャル上の体験もいいけど、やっぱり、

「五感で味わう実体験て大事だなア」とあらためて思いますね。

第十二章　『釣りバカ日誌』世の中バカがいなきゃ面白くない

さて、『釣りバカ日誌』です。

ご存じのように、原作は漫画雑誌『ビッグコミックオリジナル』に長期連載されている、やまさき十三《じゅうぞう》さん・北見《きたみ》けんいちさんが描く人気の釣り漫画です。

ただ、映画の方は回を重ねていくうちに、主要な登場人物の設定は同じでも、キャラクターやストーリーは原作から離れていったんです。でも、西田ハマちゃん、三國《みくに》スーさんが愛されているなら、映画は別物でいいじゃないかということになりました。

長く続いたシリーズものですが、そもそも一作目の『釣りバカ日誌』（一九八八年上映）への出演依頼が来たとき、シリーズになるなんてまったく思っていなかったですね。松竹が正月用に『男はつらいよ』と併映で、こういう作品も流してみようかということではじまったんです。

三國連太郎《みくにれんたろう》さんも僕も、オファーをいただいたものの、「寅《とら》さんと併映か」なんていいながら、そんなに大きな期待もしないで撮影に入りました。

三國さんは渥美清《あつみきよし》さんと昔からの遊び仲間だったので、渥美さんへの気遣いもおありだったのでしょう。単発ならいいかなとお引き受けになったようです。ところが、いざ撮影がはじまって、ハマちゃんになってみると、

「けっこう、楽しいじゃん」ということになって。

三國さんもスーさん役を一所懸命に遊んでいるというか、楽しみながら役作りをされていました。スーさんは好々爺《こうこうや》でやってほしいという栗山富夫《くりやまとみお》監督の要望に逆らうかのように、メイクもあえて眉を太く描いて鬼瓦権造《おにがわらごんぞう》みたいな顔で現れるんですよ。イメージを裏切りたいという、三國さんなりの抗《あらが》いもあったんでしょうね。

「俺をキャスティングした以上は、そう簡単に思いどおりにはならないよ」という意思表示だったのかもしれません。

ところで、僕はハマちゃんを演じるまで、魚は食べるもの、釣るもんじゃない、というくらい、釣りには縁がなかったんです。子供のころは養父と一緒に、福島の上戸《じょうこ》という所によく釣りに行っていました。猪苗代《いなわしろ》湖から流れてくる疎水《そすい》なんですが、流れに沿って上流へ歩いて行くんです。釣るのはもっぱらハヤでしたね。それ以降、釣りにはまったことはありませんでした。

それなのに、この映画を見てくださる方々から、

「ハマちゃんって、ほんとに釣りが好きなんだねえ」なんていわれるようになったでしょう。しかも「釣りバカ」って呼ばれるぐらいだから、好きを超えていなければなりません。面映《おもは》ゆかったですけど、ハマちゃんとしては、もっと過剰に釣りバカぶりを発揮しなければいけない

んじゃないかと、ある種の強迫観念を抱きましたね。

シリーズ初期のころは三國さんが台本をイジってくるんですよ。あ、脚本のことをシナリオといったり台本といったりします。テレビドラマは一般的に「脚本」で、映画は「シナリオ」、撮影に使う段階で「撮影台本」といったりしますね。で、『釣りバカ』については「台本」で通します。

三國さんの台本のいじり方は、アドリブというレベルじゃあなくて、物語の筋そのものまで変えちゃうんじゃないのって思えるくらいの勢いなんです。ま、僕も台本を覚えて現場にいったことないですから、それほど驚かなかったですけど。

*

現場で主役の二人がアドリブ合戦をするわけですから、当然、監督と考えが行き違います。台本は山田洋次《やまだようじ》監督を筆頭に山田作品のほとんどでコンビを組む朝間義隆《あさまよしたか》さんや、他に何人もの脚本家が関わりました。

監督も栗山富夫さんから本木克英《もときかつひで》さん、朝原雄三《あさはらゆうぞう》さんへとリレーされ、三者三様です。森崎東さんがスペシャルを一本撮られましたね。どの回だったか、三國連太郎さんが自ら考えた台詞《せりふ》を別紙に書いてきて、台本の変更を提案されたんです。

「今日のシーン、台本の台詞は全部やめて、こうしたい」と三國さん。

「いや、台本どおりにいきたい」と栗山監督。

「え〜、台本とこっちの台詞、どっちが面白い?」みたいな応酬になるんです。僕は中を取っ

て、

「こっちもあっちもやりまひょ。これで、どうでっか？」と融和策を探り、臨機応変にフォローしていたんですよ。

台本に書かれてないことを、現場で役者が喋ったり動いたりするのって、脚本家からすれば面白くないかもしれません。でも、台本だけではどうやっても補えられない部分、見えない部分があって、アドリブをいれたり直したくなってしまうんですよ。

台本が躍《おど》ってるコメディって、読む段階では面白いんです。でも、じっさいに演じてみると、大体はずすんですよ。面白さが減ってしまうんです。台本はくそ真面目に書いてあるほうが、後で演技を見るとおかしいんです。脚本家の筆が躍って〝ここでこういうふうに笑わせちゃおう〟みたいな姿勢が見えてしまう台本ってあります。読む分にはいいんですが、肉体が動いて喋ると、たいてい面白さが出なくて、はずしちゃうんですね。

映画や演劇は最終的には作り物です。普通、ありえない世界に自分の体を浸して、その視点をお客さんと共有してボーンと飛んだりする。そんな非日常の空気のなかで、役者とお客が絡み合って面白がる。それが作り物の良さであり面白さであると思うんですけど、どうも今はそうなっていない。あえていってしまうと〝見てるお客さんの理解の範囲〟っていうんですか。自分の中に作られている常識の中で見てるので、視点の幅が限定されてしまうんですね。ですからボーンと飛んだ視点についていけない。それで面白くないと感じるお客さんが増えている気がします。『釣りバカ日誌』にかぎらず、日本の今のコメディ全体についていえることじゃないかと思ったりします。

*

現場って時々刻々変化するんですよ。一言一句きっちり覚えて間違わないでやる俳優さんも立派だとは思いますけど、僕はそっちのタイプの俳優じゃない。おおざっぱな筋はちゃんと頭にいれつつ、ダイアローグ（会話）に関しては、その場で臨機応変にやる。

現場に行かないと出てこない台詞、いえない台詞ってあるんですよ。もちろん、充分に推敲された、脚本としての完成度は大事ですけど。『釣りバカ』のようなコメディの場合は、どうしてもライブ感がないと、面白くならないんじゃないか。森繁さんの『社長シリーズ』や『駅前シリーズ』でも、ハナ肇とクレージーキャッツの『無責任シリーズ』でも、登場するプレーヤーの〝ライブ感覚〟ってものが活きてますよね。

あれを台本どおりにきちっと喋って、きちっとした画《え》作りしたら、面白さが半減してしまいます。ぎりぎりに追い詰められた瞬間に出てくる言葉って、生々しく生きている気がするんです。僕自身、そういう追い詰められた状況におかれるのが好きなんですよ。

三國さんと現場で向かい合ってみて、若いとき森繁《もりしげ》さんのドラマに出てたときのことが蘇《よみがえ》りましたね。森繁さんの繰り出すアドリブの連射砲にたじたじとなりながらも、僕なりのアドリブを打ち返す。さらに返され、うち返し……というなかで、面白さがわきでてくる。そんな情景を思い出したりしていると、どんどん気分が乗ってくるんです。

三國さんのアドリブって、こちらが困るように困るようにという感じでふっと出てくるんです。底意地が悪いといったらいいのか、イジメっ子みたいに、相手を追い詰めるのがお好きじゃないかと思いました。

三國さんと僕のアドリブ連発に、最初はスタッフのみなさん、困惑されたと思います。でも、シリーズの原点になる作品っていいもんですね。みんな手探りでどういう結果になるかわからないまま、いろんな試みや工夫をするうち、期待感がどんどん高まっていくんです。

第一作ができあがって完成試写を初めて見たときは、他と比較しようがなかったので、ま、こういうもんだろうなって思いました。ただ、『寅さん』映画と併映される作品だし、なんとか『寅さん』映画のお客さんに気に入ってもらえばいいな、と内心ドキドキしてましたけど。公開されるといろんな人から、お客さんがいっぱい笑ってたと聞いて、ホッとしました。映画会社の人から、

「山田監督も映画館へ行ってお客さんの反応を直接聞いていますよ」といわれて、それじゃ僕も行ってみようと、渋谷《しぶや》の映画館に行きました。西田敏行だってバレないように暗くなってから場内に入ると、お客さんがたくさん入っていて、ドッと笑いが起こったんですね。映像は見てないので、どのシーンかは覚えてないんですけど。たった一回のお客さんの笑いを聞いて、すごく嬉《うれ》しくなって、これだけお客が入って、こんな笑い声を聞けば大丈夫。そう思って、そのまま映画館を出てきちゃったんですけど。

自分の出ている映画が封切られて、一人でこっそり街の映画館に見にいくなんて、『釣りバカ日誌』が初めてでした。

＊

『釣りバカ日誌2』のときのアドリブも記憶にのこってます。後継者問題でうんざりしたスーさん（鈴木建設社長で三國さんの役）が休暇をとって愛知県の渥美《あつみ》半島に釣りに行き、そこで原田美枝子《はらだみえこ》さん演じる弥生という女性に出会うんです。

弥生との不倫を疑う奥さんをごまかすため、スーさんはハマちゃんを利用するんです。物語の最後、スーさんがハマちゃんの家へお土産《みやげ》をもってご機嫌取りに行きます。

「カラスミどう？　これでご機嫌直してよ、ハマちゃん」

「こんなんで許したわけじゃないからね」

「じゃあこれは？　最新式の電動リール」

「物でオレを買収しようったってダメなの」

ハマちゃんがそういってもスーさんはお土産をどんどん出してくる。二人で、一〇分ほど延々アドリブのお芝居をしました。そのままカメラが引いていって家の俯瞰《ふかん》になっても、まだ二人のやりとりの声がずっと聞こえてるんです。

あのシーン、お土産の会話も全部二人のアドリブですからね。小道具さんも二人のアドリブに乗ってきて、こういうシーンだからこういう芝居をするんじゃないかなと想定して、いろいろ用意をしてくれるんです。意表をつくようなものもあったりしましたよ。こっちが無理だと思いながら、

「こういうものある？」一応聞いてみるんです。と、待ってました！　とばかりに、

「用意してます」と答える。そう出られると、こっちも乗ってきますよ。僕はこの映画ではセットに入ったとき、何か芝居に使えるものはないかをまず考えます。フットワークを軽くして柔軟な発想でやるんです。

『釣りバカ日誌6』ではスーさんが、

「今から岩手県の釜石《かまいし》市で講演を頼まれて行かなきゃいけないんだけど、ついでに釣りもしないか？」とハマちゃんの家に誘いに来るシーンがあります。そのときハマちゃんは妻のみち子さん（石田《いしだ》えり）へ〝合体〟を迫っていたんだけど、みち子さんに、

「映画が見たいのよ」と拒まれる。僕はえりちゃんに、

「『郵便配達は二度ベルを鳴らす』を見たいの、といってよ」とその場で頼んだんです。やがてスーさんが家に現れて釣りにハマちゃんを誘《さそ》う。僕は、みち子さんに「約束どおり」いうワケです。

「僕は釣りに行くからさあ。みち子さんはあれを見てなよ。『牛乳配達は二本ずつ配る』だっけ？」そうやって、石田えりちゃんにアドリブを強要させてしまったんですね。途中で「みち子」さん役は浅田《あさだ》美代子《みよこ》ちゃんにかわるんですが、もしかして僕と三國さんのアドリブ合戦のなかにいつまでもいたくないと思ったからかもしれません。こっちの勝手な憶測ですけど。

石田えりちゃんが、みち子さん役をやってたころ、僕と三國さんと三人でしょっちゅう台詞合わせをしてました。それを僕とえりちゃんは〝三國《みくに》る〟と呼んでました。それじゃ台詞合わせをしましょうかなんてもんじゃなく、いきなりはじまるんです。

「あのさあ」と三國さんが僕に何気なく話しかける。それがもう台詞なんです。僕も台詞合わ

せかアと思いながらひととおりやる。終わってしばらくするとまた唐突に、「あのさあ」って、三國さんは何度もはじめる。休憩時間も神経を集中させてましたね。そうしないと三國さんに太刀打ちできないんです。電話のシーンは相手の顔を見ないで喋りますよね。ちょっと時間があると、

「もしもし」とはじまるわけです。雑談していても急に、

「もしもし」ときたら、

「もしもし」と出なきゃなんない。別に三國さんは、こっちに電話に出ろなんていいません。ふっと思いついたように、

「もしもし」こっちが電話に出る芝居をはじめるまで、もしもしと続けるんですよ。こっちが、

「あ、スーさん?」とはじめると、

「ああ、ハマちゃん、じつはね……」なんてはじまる。えりちゃんがその場にいないと苦労するんです。みち子さんのところも僕がするわけですから。みち子さんになりかわって、

「スーさん、どうしたのオ、元気ないよオ」なんてアドリブで返すんです。ひとつのシークエンスを最後までやらないと、三國さんは気持ちが悪いようなんです。最後まで行くと、一回目の〝三國る〟がようやく終わる。

万事がそんな調子です。今の映画作りの中では型破りといっていいでしょうね。年に一度、合計二二作も続けられたのも、そんな現場の空気が画面に反映されて、『寅さん』映画にかわるお正月の定番映画として、多くのみなさんに愛されてきた一因じゃあないかなと、自画自賛しておきましょう。

＊

この世の中で、ハマちゃんという人間は、一体、どういう存在なんだろう。『釣りバカ日誌』の第一作目の台本を読んだとき、ああ、マンガチックじゃないな、台詞もちゃんと生身の人間が話す言葉になっていたし。それで、この作は原作のマンガとは別物なんだって思うことにしました。

シリーズ化になってからも、僕なりのハマちゃん像をずっと模索し続けてきました。組織の中にいながら、組織の中ではほとんど役に立たない万年ヒラ社員。でも、こいつがいないと楽しくないな、世の中がスムーズにまわらないなと思わせるような存在でもある。

そういうムードメーカー的な人間を演じたい――との結論に達するまで時間はかからなかったですね。ハマちゃんは自分の感情をやたらストレートに表現する男で、奥さんのみち子さんを心から愛している。そのうちに息子の鯉太郎も生まれて、会社より家族第一なんです。釣りは三度の飯より好きだけど。

いわゆる利益最優先、成果主義的な世の中に対するアンチテーゼが、この『釣りバカ日誌』を通して描かれていたと思うんです。寅さんが流れ者だとすれば、ハマちゃんは定住者です。ただ、寅さん的なハートを持った定住者として捉《とら》えると、また違った面白みが出てくるかな、という感触は持っていました。そこに焦点を絞って演じようと腹をくくったんです。

三國さん以外にもレギュラー出演している谷啓《たにけい》さんの軽いジャブのパンチなんかも大いに刺

激になりましたね。映画はカットの積み重ねで芝居が切れるでしょう。じつをいえば、笑わせる演技は苦手だったんです。ところが、映画のフレームのなかでどういうふうに演ずるかをよくご存じの三國さんと一緒にやってるうちに、映画の喜劇も面白いと思うようになりました。

ありえないシチュエーションというのが、時にでてきますね。そこで気持ちのテンションをあげたりハズミをつけたりする。その際、中学のころから好きだったジャック・レモンの演技も参考になりましたね。荒唐無稽《こうとうむけい》なことを、どう観客に納得して笑っていただけるか。これは演ずる役者の幅、振幅だろうと思うんです。シリアスなドラマにも笑いはあるし、コメディの中にもシリアスな部分もあって、演ずる僕としては特にジャンルわけはしてないですけど。

それにしても、二二年間で二三作（スペシャル版が二作）、よく続いたもんです。撮影エピソードだけでも、それこそ一冊の本になるくらい、いろいろありますよ。

そのひとつとして、京都編を日本海の丹後《たんご》半島で撮っていたときのお話をしましょう。あのロケのときは海がひどく荒れたんです。尾籠《びろう》な話ですが、録音部の若い人がマイクを掲げたとたん、ウォ〜って、エクソシストみたいになって。朝食に海苔でも食べたのか、目の前を黒い物がよぎり、

「何食ったの！」と三國さんも苦い顔。録音も撮影助手も船酔いでダウンして、残ったのは監督とカメラマン、三國さんと僕だけでした。なぜか三國さんと僕は船酔いしないんです。ダウン続出だけど時間がないので撮影を続行し、台詞はアフレコ用の仮録《かりろく》で録ることになりました。するとと三國さんがおっしゃるんです。

「私、ここからここまで台詞をいわないからね。ハマちゃん、代わりにいって」

三國さんはアフレコがお好きじゃないんです。仕方ないのでスーさんの台詞は僕が代弁し、最後に、

「……とか思ってんでしょ、ね、スーさん！」なんていうんです。このシーン、スーさんは「うん」とか「ああ」しかいわなくて、ハマちゃんの僕が一人でべらべら喋ってるんですよ。それで成りたつ。三國さん相手だからこそできる芸当ですね。

別の回ですけど、三宅裕司《みやけゆうじ》君演じる会社の上司とハマちゃんが、バーで語り合うシーンがあったんです。三宅君はかつてハマちゃんの奥さんのみち子さんに惚《ほ》れていて、

「彼女、職場の花だったんだ」なんていう。ハマちゃんもみち子さんとのなれそめを話すんですが、むずがゆくなるような台詞でね。ホン屋（脚本家）さん、演じる側の身にもなってよと思ってたら、つい僕の口から、

「こんな台詞、まともに顔を見ながら喋るかァ？」なんて声が出ちゃったんです。それで、どうにかしようと思案していたら閃いたんです。

「そうだ、ミュージカル仕立てでやろう！」

提案したら、三宅君、楽器ができるんで、僕の提案に大乗りです。その場で台詞を歌詞に替えて歌いました。現場のスタッフのなかにはびっくりした人がいたかもしれません。監督によっては不満に思うかもしれません。

でも、僕の子供時代、時代劇映画なんかでたとえば高田浩吉《たかだこうきち》がでると、東海道を旅姿で陽気に楽しそうに歌いながら歩くんです。川田晴久《かわだはるひさ》なんかも『鞍馬天狗《くらまてんぐ》』のなかで「地球の上に朝

がくるウ」なんてご自分のヒット曲を最初から最後まで数分かけて歌ってましたね。歌で盛り上げ、楽しくさせるんです。大衆娯楽劇には歌がいっぱいありました。

とっさに思いついた苦肉の策でしたけど、ある意味「伝統にのっとって」いたともいえなくはないですね。結果として、面白く仕上がっているはずです。

＊

普段、ハマちゃんは怠《なま》けているけど、たまに営業マンとして大きな仕事をとってきたりしますよね。あれは全部釣りが取り持つ縁で成約に導くことができたという設定なんです。好きな物を何かひとつ持っている、一芸に秀でた人間は、他の面でもちゃんと力を発揮できる可能性があるんだぞ、というようなこともいいたかったんですね。これはスタッフ、キャスト全員の思いでもあると思うんです。

この映画、キャラクターとしてはある程度の一貫性をもたせていますが、シリーズとしてのストーリー性は辻褄《つじつま》が合わないところもあります。たとえば、中本賢《なかもとけん》君が演じる隣人の八郎という釣り船の船頭さん。去年は独身だったはずなのに、今年は女房も子供もいたりするんですよ。ハマちゃんとみち子さんの出会いも、会社の同僚ではなかったはずなのに、ある回では職場結婚になっている……とかね。

はじまりが一作だけ撮る予定だったので、シリーズにすると矛盾が生じるのかもしれません。まあ、話がマンネリ化するより、自由に発想した方が面白くなりますけどね。

中には恐ろしく荒唐無稽な話もありましたが、それぞれが一話完結の別物としてご覧いただければ、無理が引っ込むんじゃないかと思うんです。

振り返ると、一九八八年の第一作から、二〇〇九年のファイナルまで、二二作もの作品ですよ。よく続いたなアと思います。

ロケで全国各地を巡り、そこで出会った人々、美しい風景、うまい物など、思い出は尽きません。僕としてもこれほど長く演じた役柄は他にないし、釣りバカを卒業しても、ハマちゃんは〝分身〟のように今も僕の中に生きています。

時代物で、花のお江戸の釣りバカという「番外編」もありましたよね。あれは京都の松竹のスタッフと一緒に作ったんです。京都の撮影所で釣りバカを撮りたいという声があったようです。で、京都で撮るなら時代劇にしようということになりました。これは、原作に沿わなくて良いということになって、のびのびと心置きなく羽目をはずして〝遊び〟ましたよ。

山田洋次監督にぴったりついている栗山監督は、これ、やっぱり、ホン（台本）どおりに行きたいと思います、いや、それじゃ面白くない……みたいなことになったり。確執はいろいろありました。三國さんの中でも不満があったようです。でも、同時に積極性を出しておられたわけですよね。家でジックリ考えてこられたわけでしょう。三國さんは達筆で、こうやりたい、ああやりたい、と紙に書いてこられるんです。

映画はよく「総合芸術」などといわれます。いろんな才能の持ち主が集まって、ああだこうだいいながら作りあげる。そんな努力の集積が作品として結晶するわけです。だからいろんな意見のぶつかりあいや確執があっても当然。できあがった作品が勝負なんですよね。

*

ハマちゃんという個性ですけど、あんな友だちがいたら、大変だろうけど、楽しいだろうなと思います。自分とハマちゃんは近いところがあります。でも僕はあんなに強烈に生きられませんね。家庭ではわりと騒ぐほうです。妻と二人の娘は、一番シビアな〝観客〟で、無人の客席にギャグを飛ばしているような状態ですけど、僕の芝居や番組は必ず見てくれています。反応は、

「面白かったよオ」ぐらいですが。

役のことを考えてぴりぴりするところは家族に見せないようにしてきたので、そこを配慮していわないんでしょうけど。

演技で悩んだり苦しんだりするのは、じつは俳優にとって楽しい作業なんです。苦労とは思いませんね。ほとんど何も考えてこないで、現場でパーッと演じることもありますよ。以前『西遊記』で猪八戒《ちょはっかい》役になったとき、孫悟空《そんごくう》の堺正章《さかいまさあき》さんとなるべく楽屋で顔を合わせないようにしました。現場で、

「今日、相手は何をやるのかな、何をいいだすのかな」

お互いの腹の内を探りながらスリリングにやってましたね。建物なんかだったら設計図（シナリオ）どおりに作っていかないとまずいことになりますが、特にコメディは即興の面白さってありますからね。

ハマちゃんはちょっと厄介な性格、決まり事がなかなかできない人です。世間にはハマちゃんのような性格の人間が正直いって、いますよね。それを受け入れ、許して、一緒に遊べる世の中であって欲しいと常々思いながら役をやってきたんです。最近、朝原監督から、「西田さんはハマちゃんを生きている。演じているのではなく、生きている」といわれて、「ああ、そっか、オレはハマちゃんなんだ」と思いました。確かにロケ先では一〇〇パーセントハマちゃんでした。誰も「西田さん」なんて呼ばない。地元の人もみんな、「ハマちゃん」です。嬉《うれ》しかったですね。

ただ、じっさいにハマちゃんみたいなのがそばにいたら、正直迷惑だと思いますよ。でも、彼のような人間を許容できるかどうか。それがその人の〝ゆとりのバロメーター〟じゃないかと思うんです。

ビジネスの世界では、「成果主義」がますます台頭していて、それが唯一のモノサシみたいになっています。でも、人間もっとゆっくりしたテンポでもいいんじゃないか。得意ジャンルを発揮できないまま終わってしまうのは、組織にいるとありがちです。もっと個性を認めあえるようにすればいいなと思うんですが。厳しい競争のなかで世界に伍していくには、なりふり構っていられないのかな。

ハマちゃんを演じていて思いましたね。日本は「経済大国」であり続けなくてもいいんじゃないかって。中ぐらいでいいから、国民一人ひとりが心豊かであってほしい。

世界中で絶えない戦火や民族紛争、強盗、オレオレ詐欺、家庭内暴力、イジメ、愉快犯、万引き、イライラするという理由で人を刺す女子高生まで……どうも人の気持ちのゆとりのなさが、世の中を悪い方へ運んでいくようで、憂《うれ》えますね。

僕は朝起きて調子が悪いと思ったら、鏡に向かってにっこりするんです。それだけで気持ちが安定してきます。

コメディには人の心を柔らかく溶かす役割があると思います。特に『釣りバカ』のようなハートフル・コメディには。

＊

『釣りバカシリーズ』に限りませんが、僕は撮影に入るまで台本は二、三回通して読んで流れをつかんだら、あとは現場に入るまで卵を抱いている親鳥みたいな感じですね。

なんども読んだりするわけでもなく、ぼーっと、こう台本を持ってます。頭のなかに筋とか流れが入っていれば全然関係ないときにふと、

「あ、今この感じを生かしたらつかえる」とか、そういうつながりが見えることがあるんです。絶えず頭のなかでずーっと考えているんじゃなく、作品のことを考えるのはとぎれとぎれでも、そっちのほうが、アイディアがいろいろと浮かびやすいんです。

それとよくシリーズものを長く続けるとイメージが固定されてしまうと危惧する人がいますけど、僕は役者としての自分のイメージを他人に委ねることに、まったく不安はありません。

「ハマちゃんと違う西田さんを見たい」といわれて、テレビや映画のオファーをいただいたりしますが、嬉しいですね。こっちから「こういうことをやりたい」と持ちかけるより「お前にこういうことをやらせたい」といわれるほうがいいんです。

役者って芸者さんと同じで、待ってるタイプの仕事だと思うんです。お座敷にアイツを呼ぼう！　って。

これは僕の美意識ですけど、役者自身がお客さん的発想をしちゃうとかえってつまんなくなっちゃうと思うんです。ときどき映画を監督する気はないのかって聞かれることがあります。こう答えます。

「僕は演じるのが楽しくてしょうがないから、自分で映画を撮って本音をいいたいみたいな、心の声を吐露する必要は感じてません」

三國さんが亡くなられて『釣りバカ日誌』シリーズは終了となりました。とっても淋しい気持ちがします。ただ、三國さんと毎年一本ずつ二二年にもわたって楽しい仕事ができたこと、ありがたいなと思います。

考えてみると、僕は三國さんとは仕事以外の場で会ったり、食事をしたりする〝おつきあい〟はなかったですね。お互い、プライベートで会うのはやめようということにしました。一年に一本の映画をつくるために現場でお会いする。それが適度の緊張感をもたらしてくれたし、正解であったと思いますね。

第十三章　「真似る」は「学び」

僕が出演した中で印象深い作品というと、すでに触れた以外に——市川森一《いちかわしんいち》脚本のテレビドラマ『淋しいのはお前だけじゃない』とか『港町純情シネマ』、浅田次郎《あさだじろう》原作の『ラブ・レター』や『シューシャインボーイ』等々。映画では宮尾登美子《みやおとみこ》原作の『寒椿《かんつばき》』や、あとで触れる『ゲロッパ！』等々、もうほんとにたくさんあって紹介しきれません。

なかでも大変印象深く味わいのある作品として『学校』（一九九三年上映）をあげたいですね。山田洋次《やまだようじ》監督作品です。脚本は山田監督とコンビを組む朝間義隆《あさまよしたか》さん。僕は夜間中学の黒井という先生役です。

山田監督が夜間中学に興味をもったのは『幸福の黄色いハンカチ』（一九七七年）を撮ったころだそうです。それをずっと温めてこられた、と聞いてます。

この映画を作った当時、日本には夜間中学が三七校あったんです。夜間中学には現代社会のかかえるさまざまなヒズミがあります。同時に教育の「原点」があるんですね。

山田監督はイジメとか校内暴力とかマイナス面をあえて描かずに、熱血漢の教諭と個性も経歴も違う七人の生徒たちの「心の交流」を描こうと思ったそうです。学校は「楽しい場所であることを多くの人に知っていただきたかった」とも話していました。

確かに僕もこの学校の教諭を演じて、学ぶこと、教えることは、本当に楽しいことだって、実感できましたね。すると、本当の幸せとは何なのかってことが、自然に浮き上がってきます。

山田監督作品に出るのは『学校』が初めてでした。『釣りバカ日誌』では脚本でお世話になってましたけど、お目にかかるチャンスがなかったんです。

どういうふうに映画を撮られるんだろうなと思ったり、現場を見てみたい気持ちはありました。そうしたら、夜間中学の教諭役でというオファーがあったんです。

「黒井という教師の役は貴方でなければ成立しない」といわれて嬉《うれ》しかったですね。僕としてはそういう形で望まれることがベストなんですよ。この作品を通過することによって、僕の中にある種の変化がおきるだろうって予測できました。

ただ、プレッシャーはありました。シナリオを読み込んでわかったのですが、この映画、黒井先生がコケたら全部コケるなと。黒井が生徒に好感をもたれていなかったら、それでもうこの映画はおしまいだと思いました。

教え子は七人。在日韓国人の女性、ツッパリ少女、自閉症で登校拒否だった女の子、肉体労働をしている青年、酒と競馬が大好きな中年男……等々です。

特徴的なのは黒井先生の姿勢です。彼らを相手に終始受け身なんです。他者が仕掛けてきて、それに反応して役として存在させる。漫才などでボケとツッコミがありますけど、黒井先生はボケなんですね。じつは僕はこれまでいつもツッコミをやってきて、ボケ役はほとんどなかったんですよ。ですから、この話がきたとき、〝ポチポチ受けの芝居でちゃんとやってくださいよ〟といわれるようになったのかなって思いました。

それだけに、撮影中、俳優としての度量を試されているなと思うことが何度もありました。


撮影がはじまる前に、共演者の田中邦衛《たなかくにえ》さんたちと東京の荒川《あらかわ》区内にある夜間中学を訪ねました。授業参観をしてびっくりしたのは、先生と生徒がまるで友だちのようなんですよ。

「なんて人間の匂いのする場所なんだ！」

僕はそれまでの不明を恥じましたね。おばあちゃんや不良っぽい少女や字も満足に書けない中年男が、机をならべて一緒に勉強してる。その姿を間近に見て、人間て愛おしくて素敵だなあっと思い、胸が熱くなりました。

先生より年上の生徒のいる授業について、ある先生がこういっていたのが印象に残っています。

「私たちが教えることは知識ですが、活きる知恵は生徒の方が数段上です。こっちも勉強になります」

ドラマで「先生」というと、『金八先生《きんぱち》』とか『熱血教師』があり、僕自身『サンキュー先生』という連ドラで教師役をやりましたけど、『学校』はいわゆる「教師ドラマ」「学園もの」とはまったく内容が違うんですね。夜間中学の授業を参観し、教師から話をきいたあと、僕はこう理解しました。

――黒井先生は熱血漢ではあるけれど、一本調子じゃいけない。監督というコンサートマスターのもとで、生徒たちが出してくる音にどう反応して、黒井の音をどのように確実に出していくか、それが大事であると。

シナリオを読んだ段階から、そう思っていたんですが、じっさいに先生たちにお会いして、教師として生徒たちとどう向き合い、どういうふうに存在していればいいのかを実地に見ていくうちに、その思いを深めましたね。

＊

この作品は、最初から新しい分野にチャレンジする気分でしたから、受け身であっても特にフラストレーションは感じなかったですね。余分なものは削《そ》ぎ落として、無駄なことはしないで、没個性にしようと思って撮影に臨《のぞ》んだんです。

あの人らしくなければいけない、あの人でなければいけないと、ソロでその要求を満たして、できあがった作品がスタンディングオベーションをうける。そういう作品ではなくて、これは没個性に演じたあとで、作品として良かったねといわれる映画ではないか。

以前からそういう映画にも参加したいと思っていたので、戸惑いはなくすっと『学校』の世界に入っていけました。余分な演技をしないでいて、黒井先生の音色をいかに的確に鳴らせられるか。それが僕の俳優としてのテーマでした。

心に残るシーンが随所にあります。なかでも、田中邦衛さん演じるイノさんという肉体労働者がほんと素敵な人物として描かれる、焼き肉屋のシーンです。

イノさんは中年になってから読み書きを覚えたいと思って夜間中学に入学したんです。競馬の知識だけは誰より詳しい男で、工員として働き、実直そのもの。教壇から邦衛さん演じるイノさんを眺めると、ほっこりするんですよ。

この人、ほんとに学問をしなかったんだなという感じを全身から発していて、だから「俺はこれから勉強したいんだよ」という強い思いが伝わってくる。イノさんには実在のモデルがいたそうです。イノさんが竹下景子《たけしたけいこ》さん演じる先生を好きになり、授業の一環で手紙を書いて出すんです。真っ正直な人なんで、イノさんがたどたどしい文字で書くのはもうそのままラブレターなんです。

何通もそんなラブレターをもらって、竹下さんは困惑するばかり。彼女から相談を受けて、僕がイノさんを焼き肉屋に誘い飲みながら諫《いさ》めるんです。黒井先生の気持ちは微妙です。なんとかイノさんを傷つけまいと言葉を選ぶんですが、イノさんは真意を知って、「なんだよー。なんだよー」と口元をヒョットコのように曲げて怒り出す。まさに邦衛さんならではの名芝居で、ものすごく真実味がありました。邦衛さんのアドリブも入っていて、こう演じようとご自分で思われたようです。いわゆる演技を超えた、邦衛さんの体の奥底から吹き出てくる、真に迫った演技でした。

その焼き肉屋を営むオモニも僕の生徒の一人で、怒って荒れるイノさんをオモニが厳しく叱る。山田監督はオモニがイノさんの背中のどこを叩くかまで、丁寧《ていねい》に細かく指示されていました。オモニがアイゴー、アイゴーといいながらイノさんを抱くシーンも、切迫感があって、監督が悲しみを引き出そうとされているのがよくわかりました。

無学といわれ、社会から低く見られている人たちの中にある、誠意や優しさを、山田監督は自然な感じで引き出そうとされてたんでしょうね。ですから、知的な要素やある種の冷静さは、できるだけ排除したかったんでしょう。

その後、イノさんは故郷に帰り、病気で亡くなります。そのことを知った僕と生徒たちが教室で、イノさんが座っていた席を見ながら、ぽつぽつと彼の思い出を語るんです。演じながら実感として悲しみが湧いてきて、グッと胸に迫るものがありました。

この作品は、日本アカデミー賞の最優秀作品賞・監督賞・脚本賞・録音賞のほか、自分で言うのもなんですが、僕が最優秀主演男優賞、田中邦衛さんが最優秀助演男優賞と、六部門で最優秀賞に輝きました。

＊

この映画には渥美清《あつみきよし》さんが、僕の住むアパートの大家さんとして出ています。僕が演じる独身男のところへ、女性（竹下景子）が訪ねてきたものだから、どんな状態かなと覗《のぞ》きに来るという設定です。

竹下景子さんが僕のアパートにきて、邦衛さんのラブレターのことで相談するシーンです。僕も女先生に淡い恋心を抱いているし、微妙な空気が流れている。それを渥美清さんがものかげから独特の細い目でチラチラッと見てる。それだけなのに、印象的なんですね。まさに渥美清という異能の役者の醸《かも》す存在感です。

僕のテレビデビューは『渥美清の泣いてたまるか』なんです。秋野《あきの》太作《たいさく》さん（当時は津坂匡章《つさかまさあき》）と偽のラブレターで先生を呼び出し、からかってやろうという生徒の役でした。撮影の合間に、大好きな渥美さんの一挙手一投足を見つめていましたね。

あるとき、渥美さんから聞かれました。

「君、いくつ？」

「一九です」

「あっ、そう。これからもずっと俳優やっていくの？」

「やっていこうと思います」

「大変だよ〜」といわれた渥美さんの声のトーンまで、今も鮮明に覚えています。

その後、渥美さんと共演する機会に恵まれず、久しぶりに『学校』でご一緒できたと思ったら、それが最後になりました。『男はつらいよ　寅次郎の縁談』にワンシーンだけ、ハマちゃんとして出ていますけど。これは寅さんとの絡《から》みはなくて共演とはいえませんね。

じつは四九作目の『男はつらいよ　寅次郎花へんろ』で、共演寸前までいったんです。一九九六年一二月公開予定の松竹の「正月映画」でした。マドンナ役の田中裕子《たなかゆうこ》さんや僕が出演する予定でした。

ところが、その年の八月に渥美さんが亡くなられて制作は中止。代わりに渥美さんを追悼《ついとう》して、山田洋次監督で『虹をつかむ男』が制作されたんです。『寅さん』四九作目のキャストが、ほぼそのまま移行し、主演が僕でヒロイン役は田中裕子さん、「寅さんファミリー」のみなさんも勢揃い。渥美さんもＣＧで登場され、幻の共演となりました。

こんなことも思い出されます。

いつだったか、大船の撮影所で『釣りバカ日誌』の撮影中、渥美さんは『男はつらいよ』を撮ってらしたんです。のちにお付きの方から、渥美さんが外を歩く僕を見て、

「おい、松竹を担う次のスターがやってきたよ」といっておられたという話を聞きました。

「渥美さんはあなたに、松竹の看板みたいなものをゆだねようとされてたんじゃないですか」ともいわれて、身が引き締まる思いでしたね。

『学校』が作られてから三年後の一九九六年に『学校Ⅱ』が制作され、これにも僕は出させていただきました。『学校Ⅱ』はこんな経緯で実現したそうです。山田監督は『学校』完成後、各地の講演会に顔をだすうち、北海道の養護学校の先生と出会ったんです。そこでいろいろと話をきき現場のレポートを見せてもらううち、構想がふくらんできたそうです。

脚本は山田監督と朝間義隆さんのおなじみのコンビです。

今度は知的障害者が学ぶ養護学校が舞台です。パート1の『学校』の黒井教諭には強い信念がありました。したがって、生徒たちに教えられながら、人生の意味をみつけだそうとしている。パートⅡも山田監督らしい〝弱い者〟をあたたかく包み込む作りで、僕自身、学ぶべきことが多かったですね。

その後も『学校』はシリーズとして『十五才　学校Ⅳ』まで制作されました。僕の出たのはパートⅠとⅡだけですけど、このあと監督は、映画大好き男の哀歓を描く作品に呼んでくださったんです。

*

『学校』のあと、山田監督が声をかけてくださったのは『虹をつかむ男』です。すでにちょっと触れましたけど、『男はつらいよ』の四九作目にマドンナ役の田中裕子ちゃんと一緒に出演することになっていました。ところが渥美清さんが八月に亡くなられて、『寅さん映画』そのものが終止符をうつことになりました。

山田監督は急遽《きゅうきょ》、正月にふさわしい新作を作ることになり、この作品の準備に入ったんです。聞くところでは山田監督に松竹から次の正月映画の依頼があったのは、八月一三日に大船撮影所で行われた『渥美清さんとお別れする会』の直後であったそうです。正月映画は一二月公開ですから四ヶ月くらいしかない。そんな短い期間で企画、脚本、撮影、仕上げなどをこなすんです。

『虹をつかむ男』について、監督はその数年前にショートストーリーを書かれていたみたいです。大学時代に見たダニー・ケイ主演の『虹を摑《つか》む男』を見てファンになり、あんな楽しい映画を作りたいなと思ってらっしゃったんです。ダニー・ケイの映画は、「夢見る青年」の物語で、主人公が船長や賭博師《とばくし》などに変身して想像の世界に遊ぶんです。

映画って作っただけでは「完成」じゃないんですよ。映画館で上映され、それを見に来てくださるお客さんがいて、初めて成立するものなんです。最近はテレビ放映されたりネット配信されて見ることができますが、あくまで暗い映画館のなかで誰だか知らない観客と一緒に見る。

友だちや恋人と一緒に見に来てたら、あとで映画について語り合ったりする。

そういうこともひっくるめて映画なんですね。われわれは映画を上映する映画館のことを忘れがちですけど、山田監督はそこに焦点《しょうてん》を絞ったんです。

山田監督から〝渥美清さんへのオマージュとして作りたい〟といわれたとき、僕は大いにノりました。大都会のきれいな映画館じゃなく、地方の小さな町にただ一軒しかない映画館が舞台です。地方の本屋さんなんかと同じで、古い映画館はどんどん潰れていってるんです。

主人公の白銀活男《しろがねかつお》はとにかく映画が好きで好きでたまらない。しかし映画館に人が入らず窮地にたたされている。そこに吉岡秀隆《よしおかひでたか》君演じる、就職試験に失敗して柴又《しばまた》から旅に出た青年がやってくる、というところから物語がはじまります。柴又はいうまでもなく東京都葛飾《かつしか》区にある柴又で、寅さんの故郷でもあり、寅さんの家族が住んでいる下町です。

出演を決めて少したって、物語の舞台となる徳島県脇《わき》町をたずねました。まだ、シナリオもなかった段階だけど、町を歩いているうち、僕のなかでもいろいろと妄想がふくらんできましたね。

できあがったシナリオを読んで、ああこれは居心地のいい役だと思いました。映画館主にはとりたてて関心はなかったけれど、もともと〝映画小僧〟でしたからね。小さいころから情操の面で映画から多くのものをもらっているし、今でも映画大好き人間です。

ですから役との差はまったくない。映画のなかで主人公の活男が語る『警察日記』は、僕の故郷である福島県の郡山《こおりやま》でロケした作品なんです。

『虹をつかむ男』の中で映画を語るシーンでは、それを見た時代にフィードバックしたりすることもあって、精神的にはドキュメントをやっている気がしましたね。

当時郡山市内にただひとつあった映画館はミドリ座といいましたが、そこと脇町に残っていた映画館の建物の風情がよく似てるんですよ。

少年期には誰でもあると思うんですけど、僕はちょっと人間嫌いになったことがあります。それが、映画を見たことで感動して、〝人間っていいじゃないか〟と思うようになったんです。まったく映画のおかげです。家や自分の部屋で一人で見るんじゃなく、映画館という同じ空間で、行きずりの人とともに泣いたり笑ったりして普遍性を感じる。コレって、人生にとって貴重な体験じゃあないのか、と僕は自分の体験に即して思うんですよ。

じっさい、映画館の人込みのなかにいて、映画とともにさまざまなリアクションにも触れて、教えられたことも多かったですよ。だから、今の映画館が置かれている状況は辛いものがありますね。

僕たち少年のころのような熱気がもどることはないでしょうけど、映画館は生き残っていて欲しい。そのためには、いい映画、楽しい映画が必要です。そういう映画にするために頑張らなくちゃと思いながら通称「活ちゃん」役を演じました。

映画館主・白銀活男は演じていて小気味いいし、役者の精神構造に無理がない役でしたね。ただ、活男のもっている映画に対するあふれんばかりの愛と情熱を、一般の人にどう浸透させていくか。そこがむずかしかった。映画通なら気持ちだけでわかるかもしれないけど、見てくれる人は映画通ばかりじゃありませんからね。

語りだけで映画とその面白さを伝えるシーンがあって、映画にとって重要なシーンで責任重大なんですが、活男を演じる役者にとっても、そこをどう乗り切るかが大きなポイントになりました。

映画で数々の恋愛に接した活男ですけど、現実の恋の仕方はまったくへたです。密《ひそ》かに慕《した》う喫茶店主のヒロイン（田中裕子）に愛の告白もできずに悶々《もんもん》とするんです。そこは初期のころの寅さんのイメージでしたね。

そして、ひとつのことに夢中になっているところは『釣りバカ』のハマちゃんに似ています。僕のキャラクターのなかにそういうものがあるのかもしれません。

活男はいつも発想が映画的。人生や恋も映画のように転がっていきたいと思ってるけど、現実はそうはいかない。そのギャップがこの映画の面白さにつながってくるわけですが、映画的だから現実には恋の仕方も幼い。でも、いい年こいてるのに、幼い恋の仕方しかできないって、可愛いじゃないですか。

活男の不器用さは映画を愛するピュアゆえでもあるわけです。良い意味で子供心、少年性を失っていない大人、と僕は解釈して演じました。

雨の夜に密かに恋する女性と二人で相合い傘で歩いただけで有頂天になって、帰りに一人で踊り出すシーンがあります。ハリウッド映画『雨に歌えば』のジーン・ケリーばりのダンスを披露しました。踊りの名手といわれたジーン・ケリーのようにはいかないけど、なんともいじらしくて可愛いシーンになっていると思います。

森繁《もりしげ》さんから引き継いだミュージカル『屋根の上のバイオリン弾《ひ》き』で、歌と踊りは経験ずみなので、僕なりにこなせたと思っています。

なんで、突然、歌い出したり踊り出したりするんだと思われたお客さんがいたかもしれません。嬉しかったから歌い出したり踊り出すというのは、見せ方としては単純ですけど、新鮮に映るんじゃないですかね。


活ちゃんの相手役の八重子を演じるのは田中裕子さんですが、自然に引き込まれるような魅力を持った人です。本当に好きになっちゃうかもしれない。そのわいてきた気持ちをストレートに台詞に乗せて演じました。活男にはグッとのめりこんでいくところと、引いてしまうところがあって、八重子に対しては後者になってしまう。

山田監督の演出は細かいですよ。ことに八重子との二人のシーンでは粘りましたね。でも、それだけに微妙なニュアンスの愛のシーンになっていて面白いと、いろんな人からいわれました。

僕の大好きな映画という場を提供してくれた映画館主の役で、しかも敬愛する渥美清さんへのオマージュをこめた作品です。僕としても感謝の意味もこめて精いっぱい演じました。

＊

二作目の『虹をつかむ男　南国奮闘編』にも「活男」役で出演しました。

今回はヒゲで通すことにしました。打ち合わせのとき、無精ひげをはやしたままいったら山田監督から〝それ、いい〟といわれて、そのまま伸ばして、奄美《あまみ》大島《おおしま》ロケにのぞんだんです。

この回は前回とのつながりはなく、別の人物です。ただひとつ映画が飯より好きってことでは同じです。シリーズ化も頭にあったんだと思います。

移動映写技師という設定でした。インドなどではいまだに地方にいくと、移動映画が上映されてるみたいですね。

前の作品では活ちゃんはエキセントリックなところがありました。それを引きずると大変なことになるので、別の人物と考えて演じました。

映画館をしめて移動映写の旅に出た活ちゃんは、積極的というか攻撃的人物になってます。前の作品は四方が山に囲まれた舞台でしたけど、今度は広々とした中を歩く活ちゃんです。より活動的だし、おおらかだし、陽気で、弾けるんです。

ただ、自由になった分だけ演ずるのがむずかしい。カセがあるから、そこからどう弾けるかで芝居ができるんですが、そのカセがない。自分なりにカセを見つけて演じてましたけど。

たとえば、恋をして、それが許されないもので、ふられる。それをひとつのカセにして活ちゃんはどうなるのか、といった感じですね。

『男はつらいよ』の精神性、人情喜劇というのは踏襲し、受け継いでいきたいとは思ってますが、僕と渥美さんとでは役者の資質が違いますから、僕なりの演じ方です。

端から見たらちょっと変でも、ひとつのことに夢中になって打ち込んでいる男というのは直感的に好きなんですよ、僕は。

恋のお相手は松坂慶子《まつざかけいこ》さん。ほかに小泉今日子《こいずみきょうこ》さんも出ます。松坂慶子さんは子持ちの人妻で、彼女とのラブシーンもあり、愛の一夜もすごします。じつは、大人の男女のラブシーンを撮るのは、山田監督にとって初めてだったそうです。ですから監督も現場でかなり緊張されたんじゃないでしょうか。

一作目では、映画へのオマージュとか、渥美さんへ捧《ささ》げるといった意味合いが含まれていて、『ニューシネマパラダイス』などの名画のシーンがいくつも挿入《そうにゅう》され、それがどう評価されるのかというのがあったけど、二作目ではそうしたテーマはなかったですね。純粋に映画好きな活男の物語となっているので、これが本当の意味での『虹をつかむ男』の第一作かなという気もしてました。


お正月映画というのは、僕らが育った少年時代は、オールスター・キャストで派手やか華やかでね、家族で見にいくというのが最大の楽しみだったんです。子供のころの思いが強烈にあるので、正月映画に出ることは僕にとっては役者としてのステータスなんですね。

今回は移動映写で活ちゃんがかけるのは、川端康成《かわばたやすなり》原作の『雪国』と、宮崎駿《みやざきはやお》さんの『風の谷のナウシカ』の二作です。それが島の特設スクリーンに写されるんです。

楽しいロケでした。残念ながら『虹をつかむ男』は、正月映画のシリーズとして定着しなかったんですが。

古希《こき》をむかえるにあたって、役者人生を振り返ると……そうですね、役者って真似ることからはじまるんだなってあらためて思います。

子供のころ、時代劇を見てくると、片岡千恵蔵《かたおかちえぞう》の遠山金四郎《とおやまのきんしろう》を、嵐寛寿郎《あらしかんじゅうろう》の鞍馬天狗《くらまてんぐ》を真似るんです。すると友だちが面白がって喝采《かっさい》する。それが嬉しいんですね。

大人になってからは、ジャック・レモンやプレスリーを真似ました。真似るってことが大好きだったんですね。真似るは〝学ぶ〟に通じます。

真似は芝居と大きくつながってくるのではないか。あらためて思います。白銀活男も映画の主人公を真似るのが大好きで、僕としても我が事のように演じられましたね。

第十四章　役者ほど面白い仕事はない

僕の生死を左右した作品の話をしましょう。それは井筒和幸《いづつかずゆき》監督の『ゲロッパ！』（二〇〇三年上映）です。えっ、何のこっちゃと思ってもらえたら、つかみは成功。理由は後で話しますね。

撮影は楽しかったですよ。蒲郡《がまごおり》にある水のテーマパークみたいな施設でロケを行いました。ラグーナ蒲郡だったかな。僕は屋外ステージで、ジェームス・ブラウンの『セックス・マシーン』を歌って踊るんです。ご存じかも知れませんが、この映画のタイトルは、『セックス・マシーン』の歌詞の一節「ゲタップ」から来ています。日本人には、ゲタップがゲロッパに聞こえるんじゃないかということで、井筒監督はこのタイトルにしたそうです。

僕はまもなく収監されるヤクザの親分役です。刑務所に入る前に、生き別れになった娘に会いたいと思うんですね。もうひとつの心残りは、心酔するジェームス・ブラウンが来日しているのに、コンサートに行けないこと。岸部一徳《きしべいっとく》さん演じる弟分が、山本太郎《やまもとたろう》君と桐谷健太《きりたにけんた》君演じる僕の子分たちに、ジェームス・ブラウンの誘拐を命じるんです。

親分を喜ばせたい一心で彼らが拉致したのはジェームス・ブラウンに似たモノマネ芸人でした。同じころ常盤貴子《ときわたかこ》さん演じる僕の娘がシングルマザーとして僕の前に現れるんです……。ちょっと怪しげな人物たちが織りなすコメディで、劇的なシーンで歌をたっぷり歌わせてもらいました。ところで、英語の歌はゲロッパでいいとして、関西ヤクザ役に大阪弁は必須です。他の方言はそれほど細かくいわれませんが、大阪弁だけは「そんな大阪弁あるかいな」とすぐにダメ出しされてしまう。大阪人が一番、発音やアクセントにうるさいんですよ。

井筒監督も助監督の小林聖太郎《こばやししょうたろう》君も大阪ネイティブなのでごまかしがきかず、小林君に大阪弁の徹底指導を受けました。のちに小林君は『マエストロ！』を監督し、僕はまたも大阪弁の指揮者で出演しています。福島弁なら得意なのに！

井筒監督によれば『ゲロッパ！』には深い意味があって、ジェームス・ブラウンの歌はソウルであると。「ゲットアップ」ならサラリーマンの話にしかならないけど、ゲロッパとナマルとヤクザの世界になっていく。

でも任俠映画でもない。みんな悩んでないで、とにかくやってみよう、あかんかったらやり直したらええねんと、背中を押し励ます。この映画にはそんな意味がつまっているんだと監督はみなさんに話してましたね。

ですから僕は水上のステージで、本物顔負けに歌って踊りましたよ。怖くて、おかしくて、悲しい親分を精いっぱい演じました。

そうそう、なぜ、『ゲロッパ！』が僕の生死を分けた作品なのかというと、この映画を撮り終えた後、突然病気で倒れたんです。『ゲロッパ！』の撮影で張り切りすぎたのか、いや、それよりやめられないお酒と積み重なった疲労が原因でしょうね。

『天国の駅』のクランクイン前後に狭心症で倒れたことは、すでにお話ししました。憧《あこが》れの吉《よし》永小百合《ながさゆり》さんと共演したおかげで、病は癒《い》えて嘘のように元気になったんですが。

今度は心筋梗塞《しんきんこうそく》でした。大袈裟《おおげさ》に聞こえるかも知れませんが、ほんとに生死の境をさまよったんです。入院中、ふと頭をよぎったのは、自分の訃報《ふほう》が流れたときのこと。

そうか、今死んだら、「俳優の西田敏行さんが亡くなりました。遺作は井筒和幸監督の『ゲロッパ！』でした」と報道されるんじゃないの。アナウンサーは大真面目に語ってくれても、聞いた人はクスッと笑っちゃわないかなと想像してしまったんです。

映画自体は痛快なコメディで、評価もいただいています。あくまでも、タイトルが語感的にどうなのと思っただけですけどね。

とまあ、つまらない心配をしていたら、幸いにも死の淵から生還したんですよ。

＊

二〇一五年一月に公開された『マエストロ！』は、『ゲロッパ！』で助監督をしていた小林聖太郎君が監督でした。原作はさそうあきらさんの同名漫画で、オーケストラの楽団員たちを描いた群像劇です。コンサートマスター役が松坂桃李《まつざかとうり》君、フルート奏者役がｍｉｗａさん、そして、解散したオーケストラを復活に導く謎の指揮者役が僕。初めての指揮者役です。

指揮棒の振り方は、佐渡裕《さどゆたか》さんのご指導を仰ぎました。撮影中は佐渡さんのお弟子さんの和田さんが、現場に張りついて指導してくださったんです。棒振りは指揮者が楽曲の解釈の仕方を表現する手段ですから、一人ひとり明確な個性があります。僕は佐渡裕風に振っているんですね。

演奏者にとっての楽譜は俳優にとっての台本です。楽譜どおりに演奏するだけでは、台詞《せりふ》を棒読みする俳優と同じ。指揮者はどう解釈して、どう演奏してほしいか、指揮棒を振って各パートにメッセージを送ります。演奏者はそのメッセージを受けとめて演奏することで、その楽曲に生命を吹き込みます。ですから、指揮者はいってみれば俳優にとっての演出家や監督ですね。

昔から音楽は大好きですが、クラシックというと、思い出したことがあります。五歳のとき、養母と音楽映画を見に行ったら、少年がバイオリンを弾くシーンを、僕が身を乗り出して見ていたそうです。養母はその日のうちに子供用のバイオリンを買い、僕をバイオリン教室に入れました。

「いいお指だね、将来、クライスラーだ」なんて先生にいわれ、「クライスラーってなんだべ」と思いながら、外で遊びたくてしょうがない。結局バイオリン教室は二週間しか続かずやめました。

そんなわけで、指揮者役で幸いでした。演奏者役の俳優さんたちは、血のにじむような大変さだったと思います。演奏する俳優さんの隣りでプロの演奏者が指使いを指導し、音楽プロデューサーが映像でチェックします。指使いが少しでも違うとNGです。「これくらい、わかんないんじゃないの?」というような小さな部分も妥協せず、チェックが何重にもあって、相当な時間がかかりましたね。

コンサートシーンは、佐渡さんがドイツで録音してきたベートーベンの『運命』を音源に使いました。音源を別に用意しても、映像は全員の動きが揃わないとおかしいわけです。「カ、カ、カ、ドーン」と入る息の合わせなどは、何度も何度もやり直しました。クライマックスの劇的に盛り上がるところは、非常にうまく撮れたなと思ってます。

指揮棒の振り方は指揮者によって各人各様、全部違います。指揮することは、音楽の解釈の仕方であり、自分がこういうふうに演じたいんだ、こういうふうに演奏したいんだというメッセージを、プレイヤーに伝えるわけです。

オーケストラにはプロがかなり入っていました。各俳優さんの隣りにいるプレイヤーは全部、その俳優さんの指導のために入っているプロのオーケストラの人です。その人たちが指使いなり何なりを指導して、それをまた音楽プロデューサーが映像で見ていて、指使いがちょっとでも違うとNGです。

小さな部分も妥協せずにやるので、楽器を演奏する俳優さんたちは大変だったと思います。

＊

ドラマや映画にはオリジナル作品もありますが、小説や漫画などの原作物が圧倒的に多いんですね。僕が出演した「原作物」の中で特に印象深いのは、浅田次郎《あさだじろう》さんの小説を映像化したものですね。テレビドラマと映画の両方で、浅田次郎さんの原作の作品にはずいぶん出演させていただきました。

『角筈《つのはず》にて』（一九九九年）が最初でしたね。これはテレビ東京開局三五周年記念番組として制作したスペシャルドラマです。

幼いころ、新宿《しんじゅく》―角筈のバス停で父親に捨てられた男の物語です。サラリーマンの悲哀と夫婦の情愛、失踪した父に対する切々とした想いなど、普遍的な人間の絆を描いています。

僕が主人公の中年男を演じ、妻役は竹下景子《たけしたけいこ》さん。このドラマ、画期的な視聴率を取ったんですよ。その後、同じテレビ東京で『天国までの百マイル』（二〇〇〇年）、『ラブ・レター』（二〇〇三年）、開局四五周年記念番組『シューシャインボーイ』（二〇一〇年）を制作したんです。最初の『角筈にて』を含めて四本とも主演させていただきました。

演出は『天国までの百マイル』が大山勝美《おおやまかつみ》さん、他の三本が石橋冠《いしばしかん》さん。脚本は『ラブ・レター』が金子成人《かねこなりと》さん、『シューシャインボーイ』が鎌田敏夫《かまたとしお》さん、他の二本は松原敏春《まつばらとしはる》さんです。

『天国までの百マイル』は、仕事も家庭も失った男が心臓病の母の命を救うため、ボロワゴン車に乗せて天才外科医のいる病院を目指す話です。『ラブ・レター』では、中国人女性が偽装結婚の夫宛に片言の日本語で書いた手紙が涙を誘《さそ》うんですよ。『シューシャインボーイ』は、戦災孤児から裸一貫で会社を築き上げた男が、ガード下で靴磨きを営む育ての父に親孝行しようとする話です。僕の大好きな作品です。

いずれも脚色が優れています。浅田さんは短編の名手ですから、そのまま映像化しても良質の作品になったでしょう。でも、ドラマではサイドストーリーを加えて膨《ふく》らませています。それも無駄じゃない加え方で、非常にうまくいったと思いますね。

僕は出演するドラマや映画の原作を、必ずしも読むわけではありませんが、浅田さんの場合は必ず読んでいます。『ラブ・レター』の原作小説をタクシーの中で読んだとき、何でこんなに涙が出るんだろうと思うくらい、人目もはばからず泣いてしまいました。

自分の中でイメージしやすいというか、映像が目に浮かぶんです。泣かせどころも心得ていて、ああ、やっぱりプロだなあと。

それに浅田さんの小説には、「あっ、これは俺じゃないかな」と思う役どころが、どの作品にも必ず何人か出てきます。それも含めて読むのが楽しみです。不思議なことに読んだ小説については、しばしば映像化するので出演してほしいというオファーが来るんですよ。

僕は映画でも、死んだ中年男が二〇代の女性の姿となって蘇《よみがえ》る『椿《つばき》山《やま》課長の七日間』(二〇〇六年)、それに『憑神《つきがみ》』(二〇〇七年上映)に出ていて、浅田作品にはなにか強い縁を感じますね。いつだったか浅田さんにお会いしたとき、こういわれました。

「僕の小説にはユーモアとペーソスの両面が一体になっている部分があります。西田さんはその両方をもった数少ない役者さんです」

嬉《うれ》しいことをいってくれるじゃありませんか。

*

最近はテレビドラマと映画の境目が以前ほどはっきりしていなくて、テレビディレクターも映画を撮るようになりましたね。機材が格段に進歩してデジタル・カメラで撮って、デジタル編集をするので、似てくるんでしょう。でも基本的にドラマと映画は違うと僕は思っています。

それはあとでお話しするとして――『池中玄太《いけなかげんた》80キロ』シリーズや、数々のテレビドラマでご一緒した演出家の石橋冠さんが、初めて映画のメガホンを取られると耳に入ってきました。失って初めて大切なものに気づく、人生の哀歓を描いた『人生の約束』という人間ドラマです。脚本は吉本昌宏《よしもとまさひろ》さん、スタッフは信頼の置けるテレビ畑の仲間たちが監督の脇を固めました。どういう作品を撮るかという構想を練る以前から、

「俺、いつか映画を撮りたいんだ。そのときは、敏ちゃん、頼むな」といわれてたんですよ。石橋冠さんが監督をされるなら、内容は聞くまでもない、二つ返事でOKです。

前から、第二の故郷・富山にまつわる映画を撮りたいとおっしゃってたんです。冠さんの奥さんの故郷がじつは富山です。映画のモチーフは、富山・新湊《しんみなと》で江戸時代から続く曳山《ひきやま》祭りです。新湊の各町ではそれぞれの曳山を持っていますが、資金と人手不足から曳山を維持できない町がでてくる。維持できない町は、曳山を財力のある町に町村合併みたいな形で奪われてしまう。奪われる町の人々がどんなに悔《くや》しいかとか、祭りって何だろうとか、いろいろと考えさせてくれる。

そんな故郷へ都会でIT関連企業の中に身を投じている人間がもどってきて、祭りを盛り上げようとします。そのIT関連企業のCEOもやってきて、親友の死と彼の娘の存在を知ります。デジタルとアナログの対立みたいなことも起こったり……。

地方ではいろんな問題が明確に浮き彫りになるんですね。

主演はIT関連企業CEO役の竹野内豊《たけのうちゆたか》さん、その部下役に松坂桃李君。漁師で曳山総代役に江口洋介《えぐちようすけ》さん。親友の娘役に髙橋ひかるちゃん、国民的美少女コンテストでグランプリを獲

得した期待の新人です。

僕は曳山を奪われる側の町内会長役、奪う側の町内会長役は柄本明《えもとあきら》さん。僕の妻役の室井滋《むろいしげる》さんや医師役の立川志の輔《たてかわしすけ》さんなど、富山出身の方々が出ていて作品を盛り上げます。ビートたけしさんも刑事役で出演されています。どうです、この豪華な顔ぶれ！

本来なら秋に行われる曳山祭りを、この映画の撮影のために再現していただいたんですよ。それなら、若い人たちが里帰りするころにしたいということで、ゴールデンウイークの開催になりました。新湊の曳山祭りは圧巻で、幻想的な美しさと高揚感に溢れています。

＊

台詞《せりふ》のことですが、僕の場合、すでに触れましたけど、台詞は現場に入ってから覚えます。事前に台本をさらっと読んではいますが、現場で相手とからんでいくうちに、だんだん頭に入ってくるんですね。

人それぞれで現場に入る前に覚えてくる方もいます。友だちの泉《いずみ》ピン子ちゃんなんか、「橋田先生のドラマ、これから家に帰って台詞を覚えんの」とかいってます。橋田壽賀子《はしだすがこ》さんの脚本は長台詞で有名ですから。でも、僕にとっては、「家で台詞を覚えるんだ、へえ～」って感じなんです。

さすがにベテランの俳優さんにはいませんが、自分の台詞だけ覚えて、相手の台詞を聞けない状態で入ってきちゃう俳優さんがたまにいるんですよ。自分の台詞はよどみなく喋るのに、相手が何をいったかわかっていない。会話にならないんです。

相手の最後の台詞をきっかけに、「そろそろ喋り終えるぞ、次は私の番だ」みたいな感じで。台詞は相手とのやりとりなので、語尾が微妙に変わることもあります。うっかりしていると、喋り出すきっかけを失います。

その役になるためには、どうしたらいいか。

与えられた台詞を喋り、肉体を動かすだけでないのは確かです。追い立てられた鶏みたいに、いろんなものが一度に迫ってくると、僕はすごい集中力を発揮できる気がするんですよ。潜在的な自分の可能性に賭けてみるってこともありますね。

台詞もカメラ割りも予定調和で、すべて机上で描いたプランにはめ込んじゃって、「今日はうまくいった！」と思っているような人は、クリエイターじゃないですね。そんなの物作りじゃないだろうという思いが常にあります。だって、そんな額縁入りのドラマや映画なんか見たいと思わないでしょう？

台詞って、演じる人がふと思いついたり、相手に反応して喋る言葉だから、今思いついたふうに喋らないと不自然ですよね。

「台詞を覚えてきました。完璧に入ってます」なんていわれると、どういうことだろう、丸暗記してきたのかなと思っちゃう。

ま、大先輩の伊東四朗《いとうしろう》さんのように台詞を完璧に覚えてきて、なおかつこちらがアドリブを返せばアドリブで受けて立つ、といった芸当のできる役者もいますけど、もともと浅草仕込みで鍛《きた》え方が違いますからね、伊東さんクラスは。

『釣りバカ日誌』では、なかったことを、ありにしてしまうなんていうこともよくやりましたよ。じつは自分のせいなのに、三國《みくに》さんのせいにしてしまうとか。そうすると、天下の三國連太郎《みくにれんたろう》を右往左往させることになる。そこに密《ひそ》かな喜びを覚えたりしてね。ボクって、いけない奴だなァ。

森繁《もりしげ》さんから引き継いだもののひとつにミュージカル作品『屋根の上のバイオリン弾《ひ》き』があります。これは舞台です。

森繁さんの後にやってくれないだろうかと、プロデューサーに頼まれて受けたんです。森繁さんのミュージカルは歌が突出しているというのではなく、台詞の一環として歌うミュージカルですから、それならと受け入れたんです。あれがもし『レ・ミゼラブル』みたいな本格的なミュージカルだったら、絶対に出ませんよ。

全部で三〇〇ステージくらいこなしましたね。一ヶ月に四〇ステージほど、少ない月で三七ステージ、多い月で四三ステージということもありました。森繁さんははじめたころは一日二ステージだったんですけど、晩年は一日一回でした。僕は一日二回、一年おきに五年くらいやったのかな。一日一ステージだったら対応できますといったんですが、それでは採算が合わないという。一回が四時間ぐらいのステージですからね。相当ハードで疲れましたよ。

でも、いい経験になりました。『屋根の上のバイオリン弾き』の舞台にたっていると、人生のライン際に立っているのと同じぐらい緊張するんです。主役のテヴィエは森繁さんの当たり役です。

熱烈なファンがいて、歌舞伎を見るような見所、泣き所を心得ていて、みんななれ合ってるんじゃないかと思うくらい心が通じ合ってるんです。最後に全員が立ち上がってコーラスして、「こんなのありかよ」って思うくらい感動するわけです。そんなのを見せつけられて、森繁先生から、

「今度はお前だ」っていわれたときは、もうどうしようかと思いましたね。初演の初日はまったく覚えてないんです。ただアンコールなんかないだろうなと思ったら、拍手でステージに呼ばれました。このときばっかりは役者冥利《みょうり》につきましたねえ。

テヴィエは本当に大役でした。台詞を変えなくても、俳優によって頑固一徹なオヤジにすることもできれば、恐妻家のおっちょこちょいのオヤジにもなる。つまりキャラクターや個性がガツーンと出るんです。こんなに俳優の資質を問われる役は、そうそうあるもんじゃありません。

僕の場合は、〝小テヴィエ〟というか、家長の威厳を保とうと一所懸命働くわりには儲けが少ないダメオヤジです。そして三人の娘は親の意にそわない結婚ばかり。うちにも二人の娘がいるんですが、まったくオヤジの思いは万国共通みたいですね。

笑いも多いんですが、この芝居のベースには、ものすごく恨みの深い悲しみがあるんです。単にユダヤ人とロシア人の問題じゃあなくて、人間の英知とは？　宗教とは？　民族とは？　何かについて、考えさせてくれる奥の深さがあるんですよ。

芝居の力というのは、虚構の中で語ることのできる〝言葉の文化〟だと思うんです。芝居だからこそいえることがいっぱいある。

ただ理屈っぽくはしたくない。そうしたところをきちんと見てくださるお客さんも多くいら

して、またとない良い機会になりました。

＊

これまでお付き合いしたなかで、いろいろとマルチな才能をもった人たちがいましたが、一人をあげるとなると、三谷幸喜《みたにこうき》さんですね。映画監督と俳優という二つの才能だけでなく、さらに演出家、脚本家、放送作家としての顔もあり、まさにマルチクリエイターそのものです。

僕が三谷監督の作品に初めて出演したのは、『THE有頂天ホテル』（二〇〇六年）でした。この作品では自殺願望のある演歌歌手の役。『ザ・マジックアワー』（二〇〇八年）では港町・守加護《すかご》を牛耳るマフィアのボス役。『ステキな金縛り』（二〇一一年）では落ち武者の亡霊役。

どれも一筋縄ではいかないキャラクターばかりです。僕だけでなく、そもそも、おかしな登場人物ばかり出てくるんですけど。そうだ、『清洲《きよす》会議』（二〇一三年）にも、ワンシーンだけ登場しています。更級六兵衛《さらしなろくべえ》という武将の役ですが、『ステキな金縛り』の落ち武者の亡霊が生きていたころの姿なんですよ。

このときはスケジュール的に絶対無理だといったんですけど、そこを何とか、チラッとでもいいから顔を出してくれといわれて、一日だけ組み込んだんです。

三谷ワールドは僕にとってすごく居心地がいいんですよ。喜劇という感じではなく、コメディというい方がぴったりくるかな。しかもちょっとバタ臭い。彼は若干オタク的というか、小さいころからアメリカンコメディを見て育ったみたいですね。あくまでもフィクションであることを全面に打ち出し、独自の発想で物作りをするんですね。

政治的な主張をしようとか、社会に大きなインパクトを与えようとかいうのではなくて、ただお客さんに楽しんでもらいたいというスタンスですね。全編すべてがエンターテインメントなんです。

『ザ・マジックアワー』の現場に入ったとき、三谷監督から開口一番、「なるべく面白いことをしないでください」と釘をさされました。彼は物書きですから、脚本が大切なのはよくわかりますけど、この僕にアドリブ禁止令だなんて。でも監督のたっての頼みですから、従いましたよ。僕があんなに無口だった現場は空前絶後ですね。『ステキな金縛り』のときはなぜかアドリブ解禁になり、勢い余ってアドリブ炸裂！「俺からアドリブをとったら面白くもなんともないぞ、俺にアドリブを止めるなって！」くらいのノリでした。

三谷監督の最新作『ギャラクシー街道』にも出ています。僕の役は人の心を持つコンピューター、堂本博士。人間じゃないんです。まあ、三谷作品でまともな役をもらったことはないですからね。でも、ありえないようなことを演じるのって、じつは役者として一番楽しいんです。

＊

話はさかのぼりますけど、市川森一《いちかわしんいち》さんの代表作の『淋しいのはお前だけじゃない』（一九八二年）のときも現場は面白く、チャレンジ精神があって楽しかったですね。

制作と演出をかねた高橋一郎《たかはしいちろう》さんが気骨のあるというか、ブレないというか、ＴＢＳという組織に所属しながら、自分の意見を通すし、独立しているみたいな感じなんです。ですから、

「西田さん、一郎さんとやっているの？　大変だなア」しょっちゅういわれました。それまで、テレビの照明なんてフラットで、誰がやっても同じなんじゃないの、みたいに思ってたんですけど、高橋一郎さんが『淋しいのはお前だけじゃない』を演出すると、たとえば北林谷栄《きたばやしたにえ》さんの顔に照明があたらず顔がほとんど写らないんです。北林さん、おっしゃってましたよ。

「ねえ、あたし、一郎さんに何かいやなことした？」

僕は答えに窮しましたね。ＡＤを通じて一郎さんに北林さんの声が伝わったと思うんですけど、北林さんの顔がなかなか写らない。あのベテランの大女優をして、そういわしめるほど、自分のポリシーがあってブレないんです。

おかげで『淋しいのはお前だけじゃない』はテレビ大賞やギャラクシー賞などを受賞し、朝日新聞の文芸時評で井上《いのうえ》ひさしさんが取り上げてほめあげたり、話題になりました。

僕の役はサラ金の取り立ての沼田という人物です。群馬県の四万《しま》温泉にいた旅芝居一座のところに、借金の取り立てにいくんです。その一座のなかに沼田が少年時代に見て憧れた女剣劇の花村月之丞（真屋《まや》順子《じゅんこ》）がいた。

それが機縁で大衆演劇の世界に魅せられ、一座を作って芝居をしながら、そのあがりで借金を返そうって展開になるんです。『一本刀土俵入り』とか『名月赤城山』などの場面を演じたほか、僕は女装姿で踊りを踊ったり……現代劇と大衆演劇を結びつけた、ものすごく斬新で新鮮なドラマでしたね。

高橋一郎さんの強い思いと気迫がなかったら成立しなかったと思います。

小言幸兵衛《こごとこうべえ》にはなりたくないですけど、「テレビ黄金時代」といわれた七〇年代から八〇年代には、自分の軸というか思いをしっかり持っていたテレビ制作者・演出家がけっこういたんだなアと思いますね。NHKだったら和田勉《わだつとむ》さん、深町幸男《ふかまちゆきお》さん、佐々木昭一郎《ささきしょういちろう》さん、〝ドラマのTBS〟といわれたTBSには大山勝美《おおやまかつみ》さんや高橋一郎さん、久世光彦《くぜてるひこ》さん、堀川《ほりかわ》とんこうさん、フジテレビには河合義隆《かわいよしたか》さんとか、型にはまらない異能のディレクター、プロデューサーがいました。

さらに外部からは市川崑《いちかわこん》監督や時代劇の工藤栄一監督とか個性のある有名監督が加わってテレビドラマを撮ってました。みんな実験精神に溢れていて、独自のテレビ表現をあみだしてましたね。テレビ創成期だから「実験的な試み」がいろいろできたんでしょうけど。

＊

『もしもピアノが弾けたなら』で『紅白歌合戦』に出たことはお話ししましたが、そのほか民放が毎年大晦日《おおみそか》に放送する『ゆく年くる年』（一九八八年）の総合司会も富田靖子《とみたやすこ》ちゃんとやりました。「好きです！　輝いているあなたが」というテーマで、炭鉱事故で父を失った看護学生やネパールで校舎作りに取り組む日本人山岳写真家などを紹介したりしました。

当時、大晦日は民放一〇三局が一斉に同じ『ゆく年くる年』を午後一一時四五分から元旦の午前一時まで放送していたんですね、毎年恒例の番組として。

この年はテレビ朝日が担当でした。これが大晦日に民放各局が同じ『ゆく年くる年』をやる最後になったんです。家族みんなで見るというのがテレビの特色でしたが、そんな視聴者習慣がそのころから崩れていくんですね。

第十五章　取り戻したい「故郷・福島」

二〇一一年三月一一日、東日本大震災が起きたとき、僕は大阪に向かう新幹線に乗っていました。そしたら小田原《おだわら》と熱海《あたみ》の間のトンネルの中で、急に止まっちゃったんですよ。五分くらい真っ暗になって……、電気はすぐ点きましたけど。

余震があったので、地震が起きたんだなとは思いました。でも、詳細はわからず、携帯も通じない。新幹線は止まったまま。降りることももどることもできなくてね。結局、大阪での仕事はキャンセルになりましたけど、ゆっくり大阪まで行くしかなかったんです。

大阪に着いてニュースなどを見聞きして、初めて大変なことが起きたと思いました。

しかも我が故郷・福島や宮城、岩手などの東北でです。こんな大地震があったら、もしかして……と、頭をよぎったのは福島原発です。

「原発は大丈夫?」と何人かに聞いたところ、「大丈夫らしいよ」みたいな話しか伝わってこない。ほとんどメルトダウンしていたことは、後になってわかるんですが、当初は楽観的な情報ばかりでした。ただ、ラジオでは、現地に入り込んでいる記者たちが、メルトダウンしてるんじゃないかと、さかんにいっていたんです。僕もメルトダウンしている感じがして、友人たちに伝えようとしたんですが、携帯が全然通じません。

津波で大きな被害をうけた宮城や岩手などに比べれば、福島は目に見える被害は少なかったかもしれません。でも、直接的な被害だけではすまない、複雑な問題を抱えてしまったんですね。

チェルノブイリとは事故の種類が違うけど、福島は天災と人災がからまった原発事故として、世界で初の体験をした、といえるんじゃないでしょうか。スリーマイル島はメルトダウンしたけど一基だけ。福島は三基もメルトダウンしてるんです。しかも現状はどうなっているのか、今後、どうなっていくのか、誰にもわからない。

事故は絶対に起きないと豪語していた原発関係の方々に、少なからず不信感を抱きましたね。かつて友だちと一緒に遊んだ故郷の山や川が放射性物質で汚染され、解決の目処《めど》もたたない。ニュースを耳にすると、〝汚染〟という言葉がすごく引っかかってね。汚染、汚染って、やめてくれという気持ちになりました。

震災直後、居酒屋で、隣りの席から「福島の女の子はしばらく嫁にできないね」などと無神経な居酒屋トークが聞こえてきて、腹が立って仕方がなかった。もちろん、ともに怒り、ともに泣き、被災地の復興を支えたり、心を寄せてくれる人たちも大勢いらっしゃって、救われるんですが。

＊

僕も被災地を訪ねなければという思いに駆られました。東北は僕の故郷ですし、『釣りバカ日誌』のロケではいわきをはじめ、東北各地の多くの場所を訪れています。『星守る犬』のロケでは東松島《ひがしまつしま》などにも行きました。ロケで知り合った人、お世話になった人たちが被災され、エキストラのお一人がお亡くなりになったと聞き、とても心が痛みました。

でも、仕事のスケジュールがつまっているのですぐには飛んで行けなくて、地震発生から三週間くらい経って被災地をまわったんです。

被災地はまだ何も手つかずで、映像で見るのとは全然違っていました。妙な静けさがあって、生活音がかき消されているんです。風も匂いもじっさいにたたずんでみないとわからないですよ。遠くで廃材を片付けている人の姿を見かけましたが、気軽に近寄れないし、声をかけることもできません。

向こうも触れられたくない、今は誰も話しかけないでくれ、と拒んでいるような緊迫した空気を感じましたね。津波の被害は、大きな爆弾を投下された直後の町と同じです。鳥だけは空を舞っていますが、ミャアミャア鳴いているカモメも、いつもの元気な漁師町に響いていた声じゃない。

僕の耳には弔《とむら》っているような鳴き声に聞こえました。

相馬《そうま》を訪れたとき、こういう言い方はつらいんですが、もうね、廃墟がずうっと続いているだけなんです。まさにゴーストタウン。その無人の町にぽつんと一軒、相馬焼の窯元《かまもと》が店を開けていました。相馬焼は馬追いや馬の絵が描かれた焼物ですね。窯元のご夫婦が、「窯を復活させるために頑張ります」とおっしゃるんですよ。

その凜とした佇《たたず》まいから、立たなくちゃという心意気が伝わってきて胸を打たれました。エールを送るつもりで相馬焼を買ったんですが、逆にパワーをいただいた気がします。

NHKが震災支援プロジェクトを起ち上げ、東北出身の人をつなげて、歌を歌ってみませんかと声をかけてくれました。それがプロジェクトのテーマソング『花は咲く』です。東北版ウィ・アー・ザ・ワールドですね。

あのときは夢中で気づかなかったんですけど、あとで映像的につないだものを見たとき、あの人もこの人も東北出身だったのかとわかりました。関西人ならすぐわかるんですけど、東北出身の人って、じつはよく知らなかったんです。ああ、あの人も同じ東北の空気を吸って育ったんだなあと、みなさん、すごく愛おしく感じましたね。

震災前、「生まれは福島」と屈託なくいえたのに、今はとても複雑な心境です。でも、傷ついた東北を、故郷の福島を、自分はこんなにも愛しているんだな、郷土愛があるんだなとあらためて実感しています。

＊

あの東日本大震災、福島原発事故で、〝流浪《るろう》の民《たみ》〟になった人たちが、行政等にいつになったら帰れるのかと尋ねても、

「もうちょっと待ってください」と同じ答えが繰り返されるばかりとか。帰れるなら帰れる、帰れないなら帰れないと、はっきりいってあげた方が将来設計を立てやすいんじゃないでしょうか。宙ぶらりんで待ち続けるのが一番つらいですよね。

特に福島原発の周辺は、もう大丈夫、安全ですよと誰が確認できるんですか。仮に安全だから帰れますといわれても、手放しで信用できますか。行政はもっと親身になって、復興支援に臨《のぞ》んでいただきたいです。

二〇一三年の大河ドラマでは福島の会津を舞台にした『八重《やえ》の桜』が作られました。会津藩《あいづはん》の砲術師範の家に生まれた山本(新島)八重の生涯と、幕末から明治の会津の人々が描かれていましたね。八重は鶴ヶ城籠城《ろうじょう》戦で、みずから銃をとって戦った勇猛な女性です。

僕は会津藩主・松平容保《まつだいらかたもり》を支えた家老の西郷頼母《さいごうたのも》を演じました。母と妻、妹たち、娘たちが自害して果て、西郷は一気に家族を失う悲劇に見舞われた人なんです。

僕が福島育ちで故郷に強い愛着があることを知って、制作サイドでは僕をキャスティングしたのだと思います。

会津の人たちは今も長州藩に対して特別の感情をもっています。僕自身、『八重の桜』が放送されていたころ、タクシーに乗ったとき、こんな体験をしました。運転手さんが「俺、会津なんですよ」と話しかけてきたんです。「タクシー運転手をはじめたころ、客と話が弾んで、お客さん、生まれはどこですかと聞いたら、山口だと。えっ、長州《ちょうしゅう》……。申し訳ありませんが、タクシー代はいりませんから、ここで降りて乗り換えてくださいとお願いしました」と。

せっかくフレンドリーに喋っていたのに、長州と聞いたとたん、我慢できなくなったというんです。理屈じゃないんですね。運転手さんは心苦しくて覚えていたんでしょうけど。戦争って、一〇〇年以上経っても遠い歴史じゃなく、今に続く根深いものがあるんだなと思いました。

ところで、『チャイナ・シンドローム』（一九七九年）というアメリカ映画をご存じでしょうか。敬愛するジャック・レモンが出演していたこともあって大好きな映画です。内容は怖いですよ。アメリカで原発事故が起こり、真実を伝えようとする女性レポーターや、事故を防ごうと命を賭ける原発管理者、利益優先でもみ消しに動く経営者たちが対立する姿を描いたサスペンスです。

映画のタイトルは、原発がメルトダウンし、原子炉から漏れ出したメルトスルー状態を指す造語です。つまり、もし原発事故が起こったら、融けた燃料が徐々に地面を溶かして地球を貫《つらぬ》き、アメリカの裏側の中国まで脅かすというブラックジョークですね。

すでに触れましたけど、僕は昔からジャック・レモンのような俳優になりたいと思っていたんです。『おかしな二人』や『お熱いのがお好き』のようなコメディも、先ほど触れた『チャイナ・シンドローム』や『酒とバラの日々』のようなシリアスな演技も、両方こなせる名優です。

彼はハーバード大学で軍事化学を専攻していたそうですが、なぜ、そんなものを勉強したんだろうと思いますよね。そこから俳優としての資質を引き出したものは、何だったのかなと、あらためて知りたい気がします。

最後の作品『バガー・ヴァンスの伝説』で保険勧誘員役を演じて亡くなるまで、俳優としての彼のスタンスは、コメディとシリアスが表裏一体でした。あんな俳優になれたら本望ですね。僕もコメディが多いように思われがちですが、シリアスな作品にもたくさん出演してます。

降旗康男《ふるはたやすお》監督の『寒椿《かんつばき》』(一九九二年)という映画では、男気のある女衒《ぜげん》の役を演じました。若い女性(南野陽子《みなみのようこ》)に惚《ほ》れられる役です。原作者の宮尾登美子《みやおとみこ》さんから、「父親がそうだったんです。いろんな俳優さんに私の作品で女衒の役をやってもらったけど、あなたが一番うちの父に近かったかもしれないわ」といっていただき、すごく嬉《うれ》しかったことを覚えています。

*

東日本大震災に話をもどしますけど、発生から二年後、君塚良一《きみづかりよういち》監督の映画『遺体〜明日への十日間〜』(二〇一三年)に出演しました。津波に襲われた岩手県釜石《かまいし》市の遺体安置所で、次々に運び込まれる遺体と向き合う人々の実話をもとにしています。

原作は石井光太《いしいこうた》さんの『遺体　震災、津波の果てに』というノンフィクションです。

この原作をもとに遺体安置所を映画化したいというお話をうかがったとき、正直いって迷いました。原作を読んで衝撃と感銘を受けたものの、興味本位で映像にしちゃいけないという思いがあったんです。

確かに誰も取材しないような場所ですし、取材しても書いたり描いたりするのをためらうのが遺体安置所でしょう。フィクション映画にするとはいえ、ご遺族の気持ちを逆なでするようなことにならないか。そんなことになるとつらいと申し上げたんです。

でも、君塚監督たちは「ニュース報道ではなかなか知りえないことを、全国の人に知ってもらうことが必要だと思う」と熱心に説くんです。ご遺族に納得していただいたとも聞きました。

津波にさらわれた遺体は泥にまみれているし、流されて打撲や傷などもあり、かなり損傷が激しいんです。じっさいの遺体安置所では、亡くなった方たちの尊厳を守るために、市の職員や医者、民生委員やボランティアの人たちが、できる限りのことをして送り出しておられたようです。

そして、少しでもご遺族の慰めになるようにと……。

メンタル的にはつらかったんですけど、俳優として何かできることがあればと思って、結局、お引き受けすることにしました。

僕が演じたのは民生委員で、元葬儀社に勤めていた人。だから葬儀の経験があり、遺体の扱いを心得ているんです。モデルになった方とは、映画の完成後、舞台挨拶のときにお会いしました。

でも、ご遺族の方とはお会いしていません。あのときはどうだったんですかと聞ける状態ではなく、取材された方から間接的に話を聞くのが精いっぱいでした。

僕は俳優としてどう思いを受け止め、どう表現するかに力を注ごうと思ったんです。ただ、役を演じながらも、演じるという意識が薄らいでいき、素《す》になっていく感じがしましたね。だから、僕が初めてセットの遺体安置所に入ったときのリアクションは、演技じゃなかった。遺体安置所にいる一人の人間として、何をすべきかと問われた気がしたんですね。

監督はセットの入口にお焼香できる場所を作り、スタッフも出演者も心は現実の遺体安置所にありました。関わった人すべてが真摯《しんし》に向き合った作品です。ＤＶＤになっているので、機会があれば見ていただきたいですね。

＊

話を少しもどします。

いつだったか、『星守る犬』（村上《むらかみ》たかし著）という漫画を新幹線の中で読んでいたら、つい号泣しちゃったんです。うわあ、たまんないな、この物語。映像化するらしいという話を聞いていて、読んでみたんですね。

もう人目もはばからず、感動の涙、涙ですよ。よし、正式にオファーが来たら、即ＯＫしようと思いました。それからまもなく、瀧本智行《たきもとともゆき》監督の『星守る犬』（二〇一一年、橋本裕志《はしもとひろし》脚本）に、おとうさん役で出演して欲しいと。もちろんＯＫです。おとうさんと飼い犬が車で旅した足跡を、市役所福祉課の青年と少女がたどるという物語です。

二組のロードムービーといったらいいかな。市役所勤めの青年役に玉山鉄二《たまやまてつじ》さん、彼に同行する少女役に川島海荷《かわしまうみか》さん。ほかに中村獅童《なかむらしどう》さん、余貴美子《よきみこ》さん、岸本加世子《きしもとかよこ》さん、三浦友和《みうらともかず》さんなどが出演していますが、僕の相手役はもっぱら犬。秋田犬です。

しっかり訓練されていない犬なので、撮影しながら覚えさせていくというか、まだ二歳くらいで人間でいえば少年ですかね。『植村直己《うえむらなおみ》物語』では極寒のなか犬たちと犬ぞりの練習をしましたが、今回は準備はしていません。僕自身、犬好きで犬を飼っていましたし、犬の扱いはそれなりにできると思ったので、あまり心配しなかったですね。

この作品、素晴らしい感動物語にしあがったと思っています。人生の挫折《ざせつ》や老いと孤独、熟年離婚など、現代社会がかかえる問題に切り込んでいます。このお父さんは不器用なんですね、もう少し家族の声に耳を傾けていれば離婚という形をとらなくてすんだかもしれません。日常を大事にし、家族や恋人に精いっぱいの思いを伝えることの大切さを、僕自身学びましたね。

このお父さん、善人なんですよ。それ故にいろんなものを失っていく。

そして最後は孤独な死を迎えるんです。世の中にはこういう方が大勢いらっしゃると思うんです。でも、絶望の旅ではなく希望の旅なんで、最後に残ったものは本当に得がたい純粋な結晶のような幸せだった……。

そんなメッセージがこめられています。とっておきの裏話をひとつ。林の中に止まった車の中で僕が死んで、ハッピーと名付けた犬が餌をくわえて持ってくるシーンがあるんです。ハッピーには僕が死んだことがわからなくて、僕に食べさせようと餌を運んでくるんですね。

僕はすでに死んでいる設定なので、涙が出て困りました。目をつぶっているから、ハッピーの息づかいや、クウーンクウーンという声だけが聞こえるんですよ。そうすると、なおさら涙が溢れてくる。カメラはずうっとまわっているし、ああ、涙が垂れそうだな、困ったなと思いながら、いや、死んでから涙が垂れることもあるかァと開き直ったりして。

感動的なシーンですが、相手は犬だから、撮影現場は大変な騒ぎです。反対側の車のドアを開けて、「おいで、おいで」と呼ぶんですね。「ほら、おいで。あ、いいよ、いいよ」「ハッピー、こっち向いた！　ハッピー、こっち向いたよ！」「いま撮れ！　早く撮れ！」などと声が飛び交い、かなりの賑やかさ。

　僕は死んでいるわけだから、内心、静かに死なせてよ、みたいな感じでしたね。なにしろ一人と一匹で、ずっと旅していたでしょう。お互いに気持ちが通じ合って、仲良くなっていくんです。

　それにハッピーはしっかり役どころを抑えていて、本当にいいリアクションをしてくれました。一緒に旅する中で、純粋な愛と生きることの喜びを教えてもらいましたね。「ハッピー、よくやった」と声をかけてやりました。

　いやあ、ホントに可愛くて、可愛くて。撮影が終わっても、離れがたかったですよ。

＊

『星守る犬』の同じ系列にある映画だと思いますが、『旭《あさひやま》山動物園物語　ペンギンが空を飛ぶ』（二〇〇九年、マキノ雅彦《まさひこ》監督）も心にのこる作品でした。北海道旭《あさひかわ》川市にある実在の動物園をモデルにした物語で、実在の園長を僕が演じました。

　園長は情熱をもった人で、奇蹟を起こした方です。ですから策を労さずに素直に演じることができましたね。

　秀逸なのは泳ぎまわるペンギンを水中トンネルから見上げる施設などを作ったことです。動物ほんらいの能力を見せる「行動展示」というそうですが、そういう斬新な策を実施にうつしたんです。おかげで、旭山動物園は、二〇〇四年七月には東京の上野《うえの》動物園をぬいて月間入場者数日本一になりました。

僕は福島県から上京して東京の高校に入ったんですが、どうもなじめず、学校にいくかわりに上野動物園にいって、アフリカの西ローランド生まれの〝ブルブル〟というゴリラと仲良しになり、ずいぶん気持ちがなごんだし、勇気を与えられました。

動物ってもともと大好きなんです。ですから、この個性的な園長役にすごく感情移入ができて、自然に演じられましたね。思いやりや助け合い、そして涙があって笑いもあり、最後には感動そして癒《い》やされる。

興行的にも成功したし、出演して本当によかったと思える作品のひとつです。

僕が仕事を選ぶ基準は勘としかいいようがないですね。あ、この作品やりたいなと思うかどうか。素材や切り口、演じる人間のキャラクター……等々が決め手ですね。

今年は大病をしました。

そして、一一月には古希《こき》をむかえるわけです。

「持ち時間」といってもいいのか、時間がだんだん限られてきてますけど、できるだけ仕事をしたいと思っています。役者に定年はないですから。医者からは『今度倒れたら最後』っていわれてますけど、まだまだくたばるには早すぎます。倒れたとしても何度でも起き上がりますよ。

それはそれとして、『旭山動物園』の撮影を通じて痛感したのは、〝人間のエゴイズム〟ですね。究極のエゴとエゴとの対立で戦争を起こしたり、自然環境を破壊したり。地球温暖化などは、人間のエゴイズムに対する自然のしっぺ返しじゃないかと思ったりします。

じっさい僕らは自然とのつきあい方を忘れていますね。その点は動物から学ばなければいけないんです。ですから、園長の発案した「行動展示」にはすごく意味があるし、そこに注目した園長はじめ飼育員には、敬意を表したいですね。

長く役者を続けていると、思いがけない役がくることがあります。テレビ東京で連続テレビドラマ化された『釣りバカ日誌』に、出演のオファーを受けたんです。ハマちゃんを濱田岳《はまだがく》君がやるというので、僕はどんな役かと思ったら、なんと鈴木建設のスーさん役です。

スーさんは三國《みくに》さんの持ち役だし、ええッと思いましたよ。せっかくのお誘いだし、受けてたちました。テレビでは映画とは違った味わいを濱田君はうまく出していましたね。僕は三國さんのように演じることなどできないので、〝西田式スーさん〟を演じました。

三國さんとのような「アドリブ合戦」はできませんが、映画とはまた違った面白い作品になったと思います。二〇一五年一〇月からの放送でした。

*

僕も年をとってきたし、気持ちは若くても若いころのような芝居はできません。だからといって、いわゆる〝枯《か》れた俳優〟にはなりたくないですね。

役者として、いい味だしてるねえ、といわれるよりは、「あのじいさんちょっとうるさいね。でも、まだ生っぽい、レアで、こんがり焼けてないよね」というような役をやりたいですね。

役を演じるのも好きですけど、映画やドラマや芝居が終わったときにやる打ち上げも、大好きですね。みんなで明るく飲んで楽しく。そういう空気になると、僕自身が楽しくなって、さらに盛り上げようとしてしまうんです。

ですから、ひところ、よく〝西田が出ると宴会が楽しい〟からってワンシーンだけのキャスティングをされたこともありました。ところが、そのワンシーンがあんまり面白いっていうので、何シーンにも出ることになって主役を食ってしまう。

それで〝人食い人種〟などといわれたこともありましたね。

これから、どんな役にチャレンジしたいかって？　よく聞かれますが、何の制約もなければ、田中角栄《たなかかくえい》ですね。それこそ、山本薩夫《やまもとさつお》監督が映画『金環蝕《きんかんしょく》』で描いたような。九頭竜《くずりゅう》川ダム汚職事件をモデルに、政界と公共事業の癒着《ゆちゃく》を描いた石川達三《いしかわたつぞう》の小説が原作です。もし可能なら、日中国交回復あたりを基点にして、田中角栄を演じてみたいなァ。

アメリカの労働運動家ジミー・ホッファを描いた『ホッファ』という映画があります。監督はダニー・デヴィート、ホッファ役はジャック・ニコルソンが演じています。この映画を見て、アメリカって、どうしてここまで深く切り込めるのかと感心しました。原発事故を描いた『チャイナ・シンドローム』も、クリント・イーストウッド監督の作品もそうですが、どうして、こういう自浄能力があるんだろうと思いますよ。

自国では南北戦争以降、内戦はないですが、ずっと戦争をやっている国です。いってみれば戦争プロの国。他国にかけるプレッシャーも過酷です。一方で、自国の暗部も鋭くえぐっていく。アメリカ映画には両方の顔があるんですね。

田中角栄もロッキード事件の前までは描かれていますが、それでは朝鮮出兵（文禄《ぶんろく》・慶長《けいちょう》の役）を省いた太閤記と同じです。秀吉《ひでよし》なら朝鮮出兵にもっと深く切り込むべきでしょうね。

僕は大河ドラマ『おんな太閤記』で秀吉を演じましたが、あの作では朝鮮出兵も橋田壽賀子《はしだすがこ》さんらしい視点で描かれていましたね。

外国の監督なら日本的なタブーもないから、沖縄も、原発も、ロッキード事件も、深く切り込んでくれるかもしれません。クリント・イーストウッドやダニー・デヴィートあたりに期待したいところですが……。

最近「ニューメディア」という言葉がよくいわれます。「旧メディア」が新聞・テレビ・雑誌等であるのに対し、ニューメディアはＷｅｂに尽きます。

こちらは、ほとんど国境がなく、世界が相手ですから、これから流れとしてはＷｅｂがメイン・ストリームとなっていくんでしょう。

新しい時代には新しい才能が出てくるものですが、いろんなところから新しい芽が育ってきているような気がしています。

監督、俳優はもちろんプロデューサー、脚本家、音楽家、カメラマン、照明マン、音響等々、みんな共通していると思うんですが、新しい人たちは、ただ〝目新しさ〟ばかりを追うんじゃなくて、先人たちの作りあげた「伝統」も大事にしてほしいなと思います。

ちょっと小言幸兵衛《こごとこうべえ》になっているかな。でも、いいたいんです。古いもの、つまり伝統ですね、その上に、新しい〝何か〟を、どうつけくわえていくか。それはもうオリジナルなんで、そこにこそ新しい価値ある作品が生まれるんじゃないのかなって思うんです。

それと、やはり〝舞台〟ですね。

どんなに才能があっても磨かなければ玉は光りません。磨くにはやはり発表する〝舞台〟が必要です。

人はいろんな場数を踏むことによってのびていくんだと思います。

おわりに　四ヶ月間の入院は神様がくれた「休暇」

フルマラソンじゃないですけど役者としてデビュー以来ずっと走り続けてきたもんで、僕にとって今度の入院は「ひと休み」の意味があるともいえるんです。

去年（二〇一五年）の暮れから今年の正月にかけて、疲れがたまっていると思ってたんですね。二月のある日、寝苦しいなあと思って寝返りを打ち、まどろんでうとうとしていて、また寝返りを打ったとき、ベッドから落ちたんです。仰向《あおむ》けにバタ～ンと。そのとき、体中に閃光《せんこう》が走ったみたいな感じがして、一瞬、両手足の存在がわからなくなって、一所懸命、意識の中で手のありか、足のありかを探すんです。

だんだん意識がもどってきたとき、これは夢じゃなくて現実なんだと気づいて、二階で寝ている女房を呼んだんです。夜中の二時ごろでしたかね。前にも頸椎《けいつい》をやってるんで、またやったかなと思って、すぐ病院に行きました。レントゲンをとってＭＲＩの検査を受けたら、やはり頸椎が亜脱臼していると。手術しないと歩行も困難になりますといわれて、すぐ入院したんです。

術式とかを決めるのに時間がかかったし、ＴＢＳの連ドラの『家族ノカタチ』に出ていたんで、即手術はできず、車椅子で介護タクシーに乗って病院とスタジオを往復しましたよ。その収録を終えて四月一九日に手術をしたんです。

キャンセルをしなければならない作品もあったし、その節は関係者には本当にご心配ご迷惑をおかけしました。

幸い、声のほうは神経系統が違うんで、大丈夫だったんです。声は俳優としての最後の武器ですからね。ホッとしました。担当医から、神経の圧迫が取れれば通常の生活にもどれるはずといわれたんですが、一方でかなりリスキーな手術になるとも。頸椎のほうは三時間半くらいの手術で終わったんです。成功といわれて嬉《うれ》しかったんですが、胆嚢炎《たんのうえん》になり、胆嚢を摘出しました。

幸い腫瘍もなくて六月に退院できました。ほぼ四ヶ月。長い入院生活でした。病院でやることといったら、リハビリと食事くらいですかね。食事は一六〇〇キロカロリーに抑《おさ》えられてました。前から糖尿の気もちょっとあったので、この際、体を全部メンテナンスしようということになったんです。

病室では主にラジオを聞いてました。テレビは見てもつまらない感じがして、地上波はやっぱ俺が出てないとダメだな〜なんて、ま、勝手にそう思ったりもしてました。ラジオを朝から晩まで聴くなんて初めてのことですけど、あらためてラジオの良さを実感しましたね。ラジオはトークにしても、じつに身のある内容が多いし、のびのびしていて、しかも知的なんですよ。ラジオを聞いてると、自分の質感が上がる感じがしましたね。

入院していて、自分の考えや価値観が大きく変わったというわけではないですけど、これまでは周辺四キロ四方くらいしか見てなかったのに、社会や人間のあり方とか、海外の情勢とか、視野が広くなりました。

肉体の衰えと老いと、頭の中で動く知識の高まりみたいなものが、平行線ではなく反発しあいながら育っていく。そんな体験でしたね。衰えるのを育つとはいわないでしょうけど、意識はどんどん高まるし、一方で肉体は老いていく。人には両面があるんだということをあらためて強く実感しました。

それと、これまでは、いつも自分が一番前を見ているはずだという錯覚。それで生きてきたってことがよくわかりました。先人たちの背中とか、いろんなものがいっぱい見えてきて、お前はその列の中の一人なんだよって思い知らされるんです。長いこと病室にいると、そういう瞬間があって、それはそれで気持ちよかったですけどね。

リハビリでは収穫がありました。この人、大丈夫かな、明日亡くなるんじゃないのというくらいの人もいるんです。でも、そういう人も生きようとして一所懸命リハビリをしている。その姿を見ると、ああ、生きるってすごいことなんだなと、つくづく感じましたね。事故で足を失った若い青年なんかも、ものすごくきれいな笑顔でリハビリやってるんですよ。あの笑顔にたどり着くまで、どんな時間が経過したんだろう。そして自分もその中にいる！　そう思うと生きるって楽しいなあと実感できるんですね。

健康でいると気づかないんですよ。ですから、パラリンピックって、すごいことなんだと思います。ハンディを克服するというより、ハンディを逆に武器にするくらいのすごさ。それがパラリンピックなんだって思いました。

僕がもし二〇代のころに片足やどこかを失うような事故にあったら、ああいう笑顔で臨《のぞ》めるかどうか。自信なかったですね。ピアスしてる今風の青年なんですよ。それがすごくきれいな笑顔をしてる。他では得がたい経験でした。

＊

ベッドでは故郷、福島のことも考えました。今でもまだ故郷に帰れない人がたくさんいるわけですからね。僕のリハビリの担当者は女性の理学療法士でした。若い人です。自身もマラソンをやってて、今度シドニーマラソンに行ってきますって。この人もいい表情をしてました。

病院で体験したことって人によって感じ方が違うんですね。一日も早く忘れたいって人と、病院にいることによって学んで居心地が良かった人がいる。僕は後者ですね。そういう意味では、とってもいい時間を過ごせたと思っています。

ただ、手術の日が四月一九日と聞いてエッと思いましたよ。これシニイクと読めますよね。それとカラス。病室が森の方を向いていて、カラスの巣がいっぱいあるんです。デッキに朝方カラスが二羽とまって、「カアー」って啼いたあとジーッとこっちを見てる。あれ、こいつら隣りの部屋に行かないで、なんで俺の部屋を見てるんだ。おい、お迎えにきてるのかいなんて、つぶやいたりしましたね。

二人の娘には手術に行く前に、万が一失敗したらもう会えないかもしれないと思って、なんか言葉をかけた方がいいのかなと考えたんですが、結局、「じゃあ、行ってくるね」っていっただけ。娘たちにはさんざんいわれましたよ。「これまでの生活態度を改めなさい」「酒飲むんじゃない」「夜遅くまで遊んでるんじゃねえ」って。

まわりの人たちの心配とは別に、ふと思ったのは、この入院はもしかして「神様が与えてくれた休暇」じゃないのかなということです。一九歳で役者デビューしてから五〇年。ずっと走り続けてきたようなもんですからね。ちょっと立ち止まって、来し方行く末を考えてみなさいと。じっさい、四ヶ月も病院にいると、自然と物事を深く考えることになるし、見えていなかったものが見えてくるんです。

病院の中で役者として考えたのは、前の章でちょっと触れましたけど、「田中角栄《たなかかくえい》をやってみたいなア」ということでした。自分の体と相談すると制約されますけど、やってみたい。新潟と福島って、どこか共通点があるんです。雪国だし、明治維新で官軍にやられたほうですし。

それと、日本人の平均的なメンタリティの中に、角栄さんみたいな人をヒーローにしたいという「角栄依存度」がけっこう強いと思ったんですよ。鹿児島における西郷隆盛《さいごうたかもり》の存在感とどこか似たところがある……。

角栄さんが残してくれた功も罪も含めて、両方をなんかうまい具合に描いて、われわれ日本人が精査し、見つめる。それによって「内なる日本人」をお互いに確かめるというような壮大な作品。ドキュメンタリー風でも、出世物語みたいに持ち上げる作品でもなく、大人の作品としてきっちりと角栄さんの存在感を描いたものに出られたらって、病室で何度も思いました。

中国のトップレベルの俳優に周恩来《しゅうおんらい》役をやってもらって、腹心の二階堂進《にかいどうすすむ》さんや金丸信《かなまるしん》さん、梶山静六《かじやませいろく》さんなど個性のある議員には、誰それがって……想像というか妄想をふくらませましたね。

日本の家庭のおやじって、ちょっとウザイ部分を持ってますよね。そんなおやじと、じいさんばあさんもいる当時の家庭の在り方が、角栄さんを描くことで浮かびあがってくるんじゃないか。角栄さんの負の部分として「拝金主義」をはやらせ、列島改造で自然をぶちこわした点があります。でも、原点というか角栄さんが狙っていたのは違うのではないか。

日中国交回復をなしとげたあと、アメリカから睨《にら》まれ、ロッキード事件でやられてしまったんですけど。あの事件の前後の角栄さんの内面はどんなであったか。「今太閤」といわれたのに、面倒をみて育てた身内の議員からも次々裏切られていくわけですよね。あのころの精神的葛藤《かっとう》、焦燥感《しょうそうかん》ってものすごいものだったろうし、まさに人間ドラマですよね。きちんと描けばすごいドラマになります。

他にやってみたいのは清水《しみず》の次郎長《じろちょう》ですね。昔、森繁《もりしげ》さんが次郎長の子分の森の石松をやって、すごく面白かった。森繁さんといえば「社長シリーズ」での宴会芸は天下一品でしたね。一種の伝統芸というか日本の土壌から出てきた芸です。ま、腹踊りやるような日本の役者は多分僕が最後でしょう。芸人さんにはいますけど。

病室にいて感じたんですけど、ある時期からのテレビは、花にたとえれば全体的に「造花」の花ばかり咲かせているなあと。造花って一見きれいに見えるけど、味がないんですよ。ま、時代の流れで仕方ないのかもしれませんが。

最近は海外の映画に出ていく俳優さんも多いですけど、僕はドメスティックな問題にこだわりたいですね。日本の風土から生まれたものが、世界に広がって、世界の人が見たときに、日本ってこういう国なんだ、日本人ってこういう意識でいるんだってことを広く知ってもらう。映画やテレビにはそういう力がまだまだあると思うんです。

僕もアメリカ映画を見て、単にバタ臭いだけのアメリカじゃない、深いアメリカを知ることができました。ですから、こっちも角栄さんみたいな人物を通じて、そうか日本人ってこういうメンタリティなのかって、海外の人に広く知ってもらいたいんです。

角栄さんは、「内なる日本人」といったらいいか、きわめて「日本人的メンタリティ」をもった典型的人物です。日本にはひところ、こういう人物がいて、日本を大きく変え発展させてきたということを作品として描けば、海外でも日本をよりよく理解してもらえるしPRになると思うんです。沖縄返還で佐藤栄作《さとうえいさく》元首相がノーベル平和賞をもらったけど、日中国交回復をなしとげた角栄さんが受賞してもよかったのに、と僕は思ってます。

＊

今の日本の都会は表面的にはアメリカとあまり変わらないですね。でも、僕らの世代は、食べ物でもアメリカの外食、たとえばマクドナルドを食いたいとは、あまり思わない人が多いんですよ。若い世代は違いますね。長期ロケとかに行くと、「マック食いてえ」と。映画『敦煌《とんこう》』で中国に長期ロケしたとき、若い俳優なんかが、中国の砂漠地帯で、「ああ、マック食いてえ」

というんですね。「マックって何」って聞くと、「マクドナルドのハンバーガーですよ」と。カルチャーショックを受けましたよ。こっちは、どうしても駅前の立ち食い蕎麦が食いたいのね。世代によって、食うものひとつとっても、メンタリティがこんなに変わってきてるんですね。今は、「立ち食い蕎麦食いてえ」という世代と「マック食いてえ」という世代が、どんどんミルフィーユみたいに重なってきている。世代間の段差といいかえてもいいと思うんですが、その段差を貫いていくと、角栄さんを待望するような意識があるんですね。

そういうミルフィーユみたいな世代間の段差のあるところに、角栄さんを持ってくると、日本ってどういう国なんだ、日本らしさって何なんだってことなど、いろいろなものが見えてくるって気がするんです。

病室で一人になって角栄さんのことを考えているうち、「俺の中の立ち食い蕎麦を、役として演じてみたい」と思ったんですよ。角栄さんは自宅に尋ねてくる人にいつも「おい、メシ食ったか」と聞いたそうです。そのメシの中にマックは入らないんですね。ご飯、漬物、みそ汁です。いくらアメリカナイズされても、日本人にはそういう感覚もあるんだってことを、広く知らしめる。それがテレビや映画の役割でもあると思うんですよ。

角栄さんにこだわりますけど、あの人の声って、香具師《やし》の声に似てるんです。だから響くし、体にずんと入ってくる。それで、角栄さんに会うと、みんなコロッといっちゃう。理屈じゃないんですよ。そういう魅力のある人が、いま少なくなってますね。

テレビって子供に与える影響力が強いし、ある意味、「脳という土壌」に種を植えることになるんです。「日本的なるもの」の種をね。そういう番組がもっとあってもいいんじゃないかって、病室で思いましたね。

古希《こき》を迎える年になっても、小学校のとき「映画俳優になるぞ」って思った気持ちは残ってます。初心忘るべからず、とあらためて思います。

役者って、大金持ちになったり、将軍になったり、釣りバカや教師になったかと思うと、ホームレスになったりする。そして、またゼロベースにもどる。つまり、少年の心にもどるということで、白紙になる。そしてまた白紙に、肉体を通していろいろなドラマを描いていく。普通じゃ絶対に体験できない何百という個性的な人間を演じる。いや、演じるというより、一時間か二時間、人生を凝縮して、別の人の人生を生きるんです。

古希をすぎたからって老け込んじゃあいられません。子供の心をどこかに残して、これからも体が動き、声が出る限り、俳優を続けていくつもりです。

そして、なによりまず人を喜ばせ楽しんでもらう。

それによって自分もともに喜び楽しむ。

考えてみれば、これが僕の原点だし、いまさら変えられないですね。

実現するかどうかわからないですけど、とりあえずの大目標は、田中角栄を演ずることにおいといて、まだまだいろいろな役、新しい役にチャレンジしてみたいですね。

四ヶ月間の「休暇」は、次のステップへの「充電」であったと前向きに考えることにします。

「オプティミストは成功する」って、誰から聞いたんだったかな。これって、今みたいな時代だからこそ大事なことじゃないかなって思いますね。

「オプティミスト・西田敏行」まだまだ、走ります。演じます。歌います。遊びます。

＊

本書執筆にあたり、夕刊フジの「自伝」欄で「聞き手」として話を引き出してくださった作家の香取俊介さんに、お世話になりました。ありがとうございます。

その他、五〇年にわたる芸能生活で、お世話になった映画・テレビ・ラジオ・舞台の関係者のみなさま、故郷・福島のみなさま、もちろん僕の演技を見て楽しんでくださるみなさま、本当にありがとうございました。これからも、僕の「芝居人生」にお付き合いいただくとともに、更なるご贔屓《ひいき》のほど、何卒よろしく願い奉り……なんだか歌舞伎調になってしまったかな。

尚、古い記憶を掘り起し喚起するため、過去に僕がインタビューをうけた以下の書籍、雑誌、新聞等の記事を参考にさせていただきました。

『カバ大将　西田敏行が売れているのだ』（佐藤正弥著）『西田敏行　地球愛である記』（西田敏行著）『バカ卒業』（西田敏行著）『しゃべって人生　西田敏行』（シンコー・ミュージック）

『学校』『寒椿』『天国への階段』等の映画パンフレット

夕刊フジ　アエラ　週刊文春　週刊新潮　週刊現代　週刊平凡　週刊明星　週刊読売　サンデー毎日　週刊朝日　週刊ポスト　映画情報　ＮＨＫ大河ドラマストーリー　朝日新聞　読売新聞　東京新聞　産経新聞　キネマ旬報　文藝春秋　現代　悲劇喜劇　新劇　テアトロ　近代映画　婦人倶楽部　潮　プレジデント　シネフロント

本書は書き下ろし作品です。

西田敏行
（にしだ・としゆき）

1947年11月４日生まれ。福島県郡山市出身。明治大学中退。1970年劇団青年座入団。初主演の舞台『写楽考』で注目を浴びる。以来、映画・テレビ・舞台で幅広く活躍。映画『敦煌』『学校』『釣りバカ日誌6』で、日本アカデミー賞最優秀主演男優賞、『ゲロッパ！』『釣りバカ日誌14』で、ブルーリボン賞主演男優賞ほか受賞多数。ドラマ主題歌『もしもピアノが弾けたなら』が大ヒットし、歌手として『紅白歌合戦』にも出場した。また日本俳優連合理事長を長く務めた。2008年に紫綬褒章、2018年に旭日小綬章を受章。2024年10月逝去。

役者人生、泣き笑い

二〇一六年一〇月三〇日　初版発行
二〇二五年　一　月二八日　　5刷発行

著　者――西田敏行
装　幀――岩瀬聡
発行者――小野寺優
発行所――株式会社河出書房新社
〒一六二-八五四四
東京都新宿区東五軒町二-一三
電　話――〇三-三四〇四-一二〇一［営業］
〇三-三四〇四-八六一一［編集］
https://www.kawade.co.jp/

組　版――株式会社創都
印　刷――株式会社暁印刷
製　本――小泉製本株式会社

落丁本・乱丁本はお取り替えいたします。

ISBN978-4-309-02506-3
Printed in Japan